10,-

Erstfeld

Es war das Feld unterteilt in Matten mit mehrstöckigen Häusern
entlang den einstigen Landwirtschaftsstrassen, waren eng
gereiht die vormaligen Häuser der Eisenbahner, morgendlich im
nebelverhangenen Licht – das hallende Rattern kam von einem
Güterzug, der rostbraun sichtbar wurde in Augenblicken und weiter
zog, talaufwärts, es taute mit Gezwitscher, war eine Wiese etwas
sumpfig und erstreckte sich mit Mulden sanfthin: dort stand die
Kapelle, wuchtig und schmal, unter Bögen ein Vorplatz, so luftstill
wie bereit, uns zu empfangen – vom Dorf her kein Ruf, alles lag
verstreut, lag entlang, war Lärchenwaldstück, ein Lindenbaumplatz,
trug Mauerflechten, endete in Gleisköpfen, sank ab zu einer
Unterführung mit Rostfrass: der Morgennebel lichtete sich, keine
Küchenstimmen, kein leises Klopfen, ich fragte nicht nach dem
Weg, las die Plakate am Buchenstamm beim Bahnhof, las Zettel im
Anschlagkasten – im Gasthaus war die Decke von Girlanden
aus rosa und blauem und goldenem Aluminiumpapier behangen,
die Wände waren mit Maschen geschmückt, die Lampen
mit Lamellen, glitzerten glanzlos im Schein der vorfrühlingshaften
Helligkeit: es war verloren die verkehrte in dieser Welt,
die fastnächtliche, ausgenüchtert.

Michael Donhauser, Februar 2000

**HAUS
FÜR
KUNST
URI**

Edition 5
Erstfeld

Im Verlag pudelundpinscher herausgegeben von Ruth Nyffeler, Jürg Nyffeler und Barbara Zürcher

Einblick in eine private Sammlung: Edition 5 Erstfeld

Wenn jemand Einblick in eine private Sammlung gewährt, so ist das immer eine Einladung zu einer Reise ins Ungewisse. Kein Thema stellt sich vor die Werke, kein historischer Zusammenhang drängt sich in den Vordergrund, sondern die Arbeiten öffnen einen Raum, in dem sie ihre ureigenen künstlerischen Dialoge entwickeln. Zugleich betritt man aber auch die Sphäre einer individuellen Leidenschaft des Sammelns.

Die Sammlung von Ruth und Jürg Nyffeler aus Erstfeld, Kanton Uri, ist eine besondere, denn das Ehepaar produziert gemeinsam mit Künstlerinnen und Künstlern ihrer Wahl Multiples in einer limitierten Auflage von 5 Exemplaren: Nummer 1 kauft stets das Sammlerpaar, die verbleibenden 4 wandern in öffentliche und private Kollektionen oder warten über Jahre auf einen Käufer.

Seit 1994 sind 150 Editionen entstanden, Objekte aktueller Kunst von über 90 Künstlerinnen und Künstlern. Durch seine Anteilnahme am Entwurfs- und Entscheidungsprozess will das Herausgeberpaar den Kunstschaffenden nahe sein und sucht die Auseinandersetzung mit ihnen.

In diesen 16 Jahren haben sich Netzwerke und persönliche Beziehungen zwischen Kunstschaffenden, Sammlern und Kuratoren gebildet. Objekte nationaler und internationaler Künstlerinnen und Künstler geben einen beachtlichen Einblick in eine persönliche Zeitreise durch die Gegenwartskunst.

Die Ausstellung und die vorliegende Publikation zeigen eine experimentierfreudige Auswahl von poetischen Erzählungen, eigensinnigen Kommentaren und kraftvollen Herausforderungen, die in dieser Privatsammlung eine vielsprachige Verbindung eingehen. Während die Arbeiten eindrucksvoll für sich selbst sprechen, lassen sie zugleich die verborgene Geschichte ihrer gemeinsamen Herkunft anklingen: Was verraten die einzelnen Objekte über einen bestimmten Blick auf die Kunst? Schauen und entdecken Sie.

Barbara Zürcher, Direktorin *Haus für Kunst Uri*

Wortbehälter

Für Ruth & Jürg N.

Drei Waagen wägen
den Raum: Kugel-
fragmente: Echt
französischer Garten,
Tunnelgesang!

An der Nasen-
wurzel vorbei rinnt
der Sand in die Nacht.
Im Büchsendunkel hüten
Pan & Dora das Licht.

Klaus Merz, August 1998

Franz Wanner
Die Büchse der Pandora
MDF, Steinmehl, Pigment
18 × 54 × 36 cm
1994

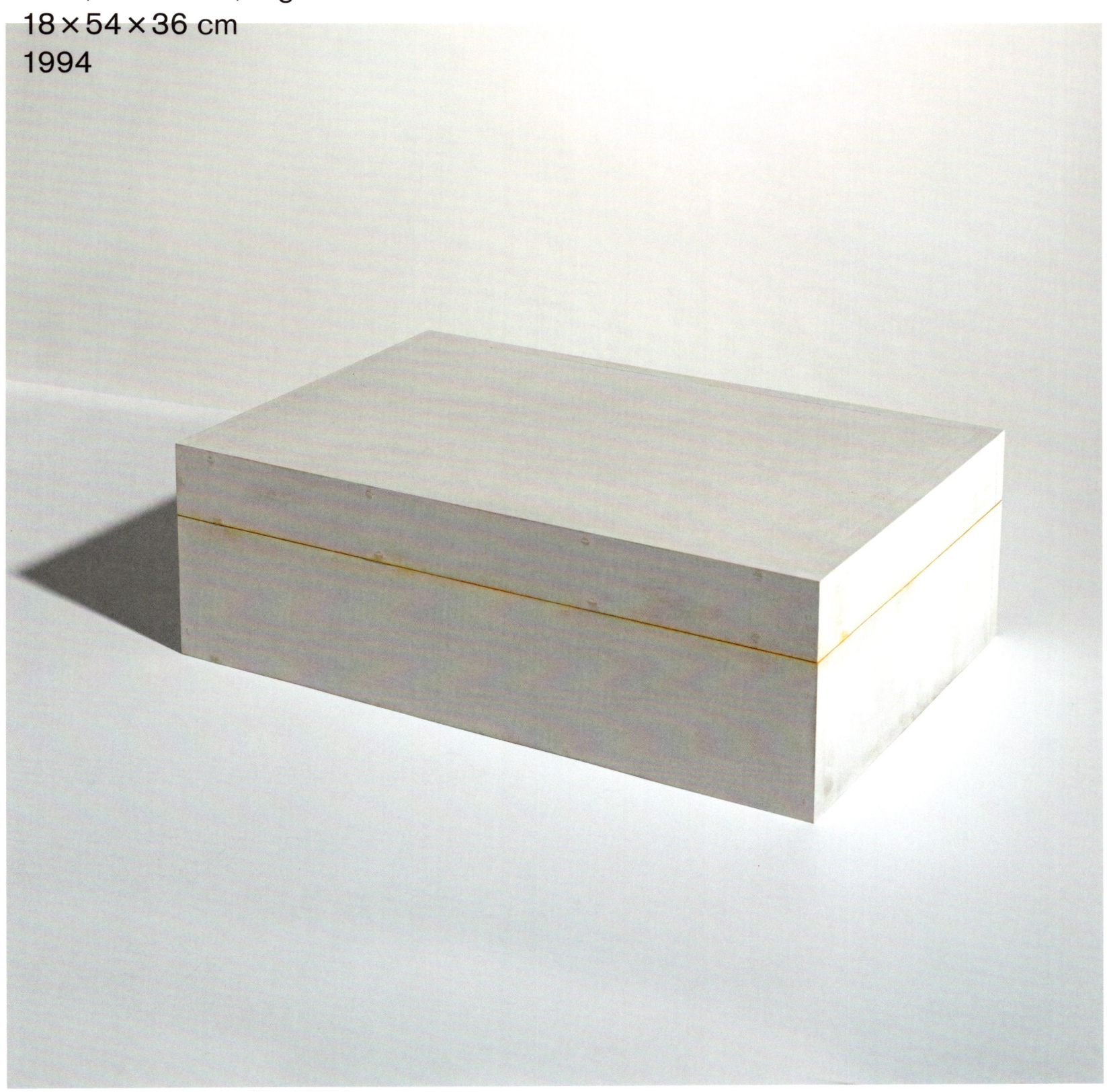

Ein kleines Museum

Bereits die erste umfassende Präsentation der *Edition 5* in einem Museum hat das Unternehmen treffend charakterisiert: Ruth und Jürg Nyffeler waren vom Centre PasquArt Biel im Rahmen der Ausstellungsreihe *nouvelles collections* eingeladen, ihre verlegerische Arbeit vorzustellen und die Objekte ihrer Edition zu zeigen – nicht in erster Linie als Sammler von zeitgenössischer Kunst, sondern als Jäger, die aktiv sind, indem sie von ihnen besonders geschätzte Künstlerinnen und Künstler zur Realisierung von Editionen animieren. Sie lassen, mit anderen Worten, die Objekte ihrer Begierde erst erschaffen und bauen so ihre Sammlung nach und nach aus.

Als »Sammlung in der Sammlung« war die *Edition 5* damals in Biel angekündigt – wohl mit Blick auf die umfassende Sammelleidenschaft der beiden Amateure aus Erstfeld, die ihr Unternehmen betreiben, um ihrer Leidenschaft weiter zu frönen. Die Initiative hat deshalb nicht nur zu wunderbaren Einzelobjekten geführt, die den Weg in die eine oder andere private oder öffentliche Sammlung gefunden haben, daraus ist tatsächlich auch eine *nouvelle collection* entstanden, mit bisher rund 150 Werken von über 90 Kunstschaffenden, einer ebenso bunten wie illustren Schar nicht nur aus der Schweiz. Dass von der kleinen Auflage jeweils ein Exemplar im Haus der Verleger bleibt, unterstreicht die Idee der Sammlung und spricht für die Lust, sich ein kleines Museum zu schaffen – oder ein Museum im Kleinen, das mit der Erfindung des Multiples in greifbare Nähe rückte.

Die *Edition 5* fügt sich aufs Schönste in ein »Jahrhundert des Multiple«, das mit Marcel Duchamp seinen Anfang nahm.[1] Duchamp war es, der mit seinen berühmten *ready-mades,* aber auch mit den Editionen wie der *Grünen Schachtel* oder seiner *Schachtel-im-Koffer* neue Vorstellungen von Kunst entwickelte und damit die Diskussion über Kunst auf eine andere Ebene brachte.

---

1 Vgl. dazu: *Das Jahrhundert des Multiple. Von Duchamp bis zur Gegenwart*, Ausstellungskatalog, Deichtorhallen Hamburg, Oktagon Verlag, Köln 1994.

Die künstlerische Arbeit sollte nicht mehr zwingend in die Herstellung eines fertigen, in sich geschlossenen Werkes münden und Kunst nicht mehr an ein einmaliges Original gebunden sein. Damit war eine wichtige Voraussetzung für das Multiple geschaffen, das spätestens seit den 1960er Jahren seinen Platz in der Kunstgeschichte erhalten hat.

Auch wenn das Multiple nicht von heute auf morgen erfunden worden ist, hat es sich schon bald als eigene Gattung etabliert: Es gibt Künstlerinnen und Künstler, die diese Kunstform besonders pflegen; es gibt Galeristen und Verleger, die sich darauf spezialisieren; es gibt eigene Vertriebsformen für Multiples; es gibt immer mehr Liebhaber, die den besonderen Sammelwert solcher Objekte entdecken; und es gibt immer wieder Präsentationen und Ausstellungen, wo sich nicht nur ein buntes Bild unterschiedlichster Kunstwerke bietet, sondern Vielfalt und Fülle als besondere Qualität in Erscheinung treten. Das Multiple taucht seit Beginn meist im Kollektiv auf und ist aufgehoben im grösseren Kontext: Jede Edition ist immer auch eine »collection« – ganz gleich ob in Paris, Mailand oder New York, ob in Remscheid, Heidelberg oder Erstfeld.

Multiples eröffnen die Möglichkeit, auch von bekannten und hoch gehandelten Künstlerinnen und Künstlern Werke zu erwerben. Zudem, und das ist mindestens ebenso wichtig, eignet den Multiples als Kunstform (anders als der Druckgrafik) seit Beginn etwas Konzeptuelles: Sie sind Vehikel für Ideen. Beim Kauf einer Arbeit, aus der *Edition 5* zum Beispiel, erwirbt man also nicht einfach nur einen kleinen »Roman Signer« oder »John Armleder« oder eine preiswerte »Ayşe Erkmen« oder »Karin Sander«, sondern jeweils Kern- oder Grundgedanken ihres Schaffens, die sie in ihren Multiples oft mit einer spielerischen Leichtigkeit formulieren. Das muss nicht immer so pathetisch klingen wie bei Joseph Beuys (»Wenn ihr alle meine Multiples habt, dann habt ihr mich ganz«), aber es gibt doch einige Künstlerinnen und Künstler, die den Wert dieser Kunstform erkannt und dem Multiple eine besondere Bedeutung in ihrem Schaffen gegeben haben. Jürg und Ruth Nyffeler sind ihnen auf der Spur.

Der Siegeszug des Multiples läuft parallel zu einer Konzeptualisierung der Kunst, und es sind vor allem die Kunstschaffenden, die diese Kunstform vorantreiben. Die Kritik und auch der Handel waren zuerst skeptisch: Als »industriell hergestellte Nippes« wurden die oft kleinen Objekte bezeichnet, als »Dekorationsstücke, zugeschnitten auf den Homo ludens in uns, am Rande der Scherzartikelindustrie«, und man hat es als notwendig erachtet, dass ein Künstler bekannt ist, bevor seine Werke als Multiples verbreitet werden konnten. Nun lässt sich diese Kritik durchaus ins Positive wenden, und die Erfolgsgeschichte des Multiples zeigt, dass das auch gelungen ist: Die bekannten Künstlerinnen und Künstler haben Auflagenobjekte gemacht, im besten Fall aber nicht einfach in Form kleinerer Reproduktionen ihrer Werke, sondern als Übersetzung ihrer künstlerischen Ideen in das Medium »Multiple«, das dabei fortwährend weiterentwickelt wurde und als Kunstform an Prägnanz gewann. Auch die handliche Grösse der Multiples hat sich keineswegs als Nachteil erwiesen. Selbst wenn die Objekte eine Wohnung zieren und den Kunstsinn der Bewohner offenbaren können, sind sie doch oft mehr als Dekorationsstücke und befriedigen den Spieltrieb, indem sie nicht wie die Jugendstilvase, der Porzellanengel oder ein Elefant aus Jade einen angestammten Platz auf dem Buffet beanspruchen, sondern – vielleicht auch dank ihrer grösseren Robustheit – mehr in Gebrauch sind und als Joker am einen oder anderen Ort platziert werden können. Ein solch interaktiver Umgang ist für die Multiples geradezu konstitutiv. Beobachten kann man das, zum Beispiel, bei den Nyffelers in Erstfeld, wo das Multiple nicht nur zum Lebensinhalt geworden ist, sondern auch zur Lebensform.

Wenn man den Gedanken weiterverfolgt, dass sich in den Multiples künstlerische Konzepte exemplarisch manifestieren, so bietet sich dem Sammler die Möglichkeit, statt eines Museums der Namen ein Museum der Ideen aufzubauen. Eine Sammlung, die sich an Inhalten orientiert und nicht an Nominationen im Kunstmarkt, wird dem Multiple auch viel gerechter, weil man nicht am einzelnen Werk wie an einem Fetisch haften bleibt, sondern stets ein weites Feld künstlerischer Möglichkeiten vor Augen hat. Jedes Objekt einer Edition ist damit Teil eines übergeordneten Ganzen und bietet die Chance, sich mit spezifischen Formen und Fragen der zeitgenössischen Kunst auseinanderzusetzen. Vor diesem Hintergrund verstehen wir auch die grosszügige Offenheit von Jürg und Ruth Nyffeler, die den Künstlerinnen und Künstlern ihres Vertrauens jeweils »Carte blanche« erteilen und sich über jeden Vorschlag freuen – wohl wissend, dass jede Künstleredition eine weitere Möglichkeit eröffnet und einen anderen Aspekt beleuchtet. Jedes Objekt ist ein Steinchen im grossen Mosaik ihrer *nouvelle collection*. Wir anerkennen die Neugier und die bewundernswerte Entdeckerlust, welche die beiden aus dem engen Tal am Gotthard in eine scheinbar unbegrenzte Kunstlandschaft führen. Und wir beglückwünschen sie zu diesem Unternehmen und wünschen ihnen weiter alle Verve, die es braucht, um besondere künstlerische Vorstellungen aufzuspüren, zu sammeln und zu verbreiten.

Stephan Kunz, Februar 2010

Einer für alle, alle für einen

Stets versichern einander die drei (oder korrekterweise vier) Musketiere mit diesem Ausspruch ihr Vertrauen, besiegeln hiermit ihren Bund. So zumindest schildert Alexandre Dumas père die ritualisierte Bekräftigung von Zusammenhalt und Treue, vom Einstehen für eine gemeinsame Sache in der Romantrilogie über das Leben, Kämpfen und Sterben der famosen Abenteurer im Frankreich des 17. Jahrhunderts. Ungeachtet ihrer bereits im Buchtitel angelegten Subsumierung als *Les Trois Mousquetaires* unterstreicht der Autor die grundlegenden charakterlichen und äusserlichen Unterschiede der vier Männer, hebt ihre Individualität hervor – um letztlich den trotz politischer Intrigen und persönlicher Schicksalsschläge regelmässig erneuerten und beschworenen Schulterschluss als etwas Besonderes zu kennzeichnen. Von den Romanhelden zu den Objekten der *Edition 5* führt kein direkter Weg, kein Shortcut überbrückt ›Gattungssprung‹ und kulturhistorische Paradigmenwechsel. Und doch provozierte die Auseinandersetzung mit den Multiples und der Sammlung von Ruth und Jürg Nyffeler diese Assoziation: zum einen aufgrund der strukturellen Beschaffenheit des Untersuchungsgegenstandes, der Objekte in Fünferauflage, zum anderen in Hinblick auf das Gesamtprojekt *Edition 5* und seine beiden Initianten.

Vor 16 Jahren startete *Edition 5* mit dem ersten Objekt: *Die Büchse der Pandora* von Franz Wanner markiert den point de départ der Editions- und Sammlungsgeschichte. Beide sind ursächlich miteinander verschränkt, und ihre Entwicklungen unterliegen vielfältigen Kreuzbestäubungen, mithin einem organischen Wachstumsprinzip. Es ist ein »Netz- und Lebenswerk«[1], das sich von Erstfeld weit über die Schweiz hinaus erstreckt, zurzeit in Berlin und Paris starken Niederschlag zeitigt und subtil sowie beiläufig unzählige Privathaushalte, Museen und Künstlerateliers infiltriert. *Edition 5* ein Unternehmen im ökonomischen Sinn zu nennen, trifft den Kern der Sache nicht ganz, ist doch marktorientiertes Denken keinesfalls

---

1   Christoph Doswald, »Nyffeler's List«, in: *Edition 5*, Prospekt der Neuerscheinungen, Ausgabe 12, 2010, o. S.

der Antrieb, finanzieller Gewinn nie das Ziel. Vielmehr handelt es sich um ein unternehmerisches Unterfangen, bei dem der Erfolg mit anderen Massstäben gemessen wird und das sich einem komplexen, mitunter sperrigen Gegenstand verschrieben hat: der Herausgabe von Multiples in einer Auflage von fünf Exemplaren sowie dem gleichzeitigen Aufbau einer Sammlung ebendieser Kunstwerke.

»Originale in Serie« (Karl Gerstner)[2]

Bereits mit der ersten Edition wird deutlich, wie Herausgeberin und Herausgeber diesen offenen, häufig missbrauchten Terminus des Multiples interpretieren, ihm stetig und nachdrücklich, in Gesprächen mit KünstlerInnen und ProduzentInnen zur Umsetzung verhelfen: Zwischen zwei mit Steinmehl überzogenen Holzkuben tut sich ein schmaler ›Lichtspalt‹ auf, eine Pigmentspur, die verborgene Inhalte – das Geheimnis der Schachtel, der Kunst? – suggeriert. Eine schlichte Form, eine verschlossene Box, die alles in sich einschliesst und nichts preisgibt. Und die darüber hinaus programmatisch auf die Traditionslinie der Schachteln und Kisten in der Geschichte des Multiples verweist. *Edition 5* gibt »Gefässe für den geistigen Gebrauch«[3] heraus, dreidimensionale Arbeiten, die in ihren fünf Exemplaren material, ästhetisch und ökonomisch gleichwertig sind. So erstaunt es denn nicht, dass dem Behälter, den verschiedenen Formen und Funktionen des (Auf-)Bewahrens und Präsentierens auch im Rahmen dieser Auflagenobjekte ein besonderer Stellenwert zukommt. Von Markus Schwanders *aus dem Skizzenbuch*, Maria Zgraggens *Mass-Stäbe*, dem *supplément* von RELAX (chiarenza & hauser & co) über Monika Günthers *Leise Reise* oder Hans-Peter Kistlers *Malkiste* bis hin zur *maison close* von Crotti / Manz und *Barley* von Markowitsch / von Matt: Das Wechselspiel zwischen sichtbarem respektive verborgenem Inhalt und Umhüllung, zwischen Gehäuse und Innerem

---

[2] »Die Edition MAT wurde gegründet, um Originale in Serie zu produzieren.« Karl Gerstner, Affidavit, Anlage zum Protokoll vom 28.3.1966 (Archiv Galerie Der Spiegel), zitiert nach: Katerina Vatsella, *Edition MAT: Die Entstehung einer Kunstform*, Bremen 1998, S. 285.
[3] Ruth und Jürg Nyffeler, *Edition 5*, Prospekt der Neuerscheinungen, o. S.

ist diesen äusserst unterschiedlichen Arbeiten inhärent, ist ihnen trotz verschiedenster Aussagen und Inhalte als ›Urfrage‹ eingeschrieben.

Beim Durchstreifen des Gesamtkatalogs mit aktuell 150 Nummern fällt die uneingeschränkte Offenheit für neue künstlerische Positionen, aber zugleich auch die gegenseitige Verbundenheit der KünstlerInnen und des Herausgeberpaars ins Auge. Generations- und nationenübergreifend, ohne Berührungsängste vor ›unhandlichen‹ Medien und komplizierten, fast den Rahmen sprengenden Projekten bietet *Edition 5* einen faszinierenden – weil subjektiven – und vielschichtigen – weil von der Grundhaltung her offenen – Überblick über die Auseinandersetzung der zeitgenössischen Kunst mit einer ihrer grossen ›Erfindungen‹ des 20. Jahrhunderts: dem Multiple. Grundsätzlich sind die Objekte in ihrer ›seriellen Einzigartigkeit‹ dem Credo einer egalitären Verweisstruktur verpflichtet, innerhalb deren jedes einzelne Exemplar einer Auflage für die anderen, abwesenden einsteht und die gesamte Edition als Idee resümiert.[4] Diese Äquivalenz äussert sich in Werken wie John Armleders *modulor*-Serie oder in den Leuchtobjekten von Shahram Entekhabi, Muda Mathis und Rémy Markowitsch oder in Anton Egloffs linguistischer Studie in Blau als vollkommene Identität aller fünf Exemplare. Sie durchzieht aber auch diejenigen Arbeiten, die vor allem das Postulat einer konzeptuellen Gleichwertigkeit verfolgen, in der Ähnlichkeit und Differenz als ästhetische Strategie zur Anwendung kommen. Welche *Parkett Edition* von Olivier Mosset man besitzt – Ahorn, Buche, Eiche etc. –, welche Farbvariante seiner *light fixture* man betrachtet – Rot, Gelb, Blau, Schwarz oder Weiss: Die Rezeption schliesst immer die gesamte Objektserie mit ein, in die das Spiel von Wiederholung, kalkuliertem Unterschied und Analogie einen Spannungsbogen einschreibt.[5] Oft sind es gerade die Spuren einer ›händischen‹, handwerklichen Produktion, die jedem Exemplar seine individuelle

---

4   Cf. Claus Pias, »Abschied vom Original. Original, Multiple und kompatible Produktion«, in: Zdenek Felix (Hrsg.), *Das Jahrhundert des Multiple. Von Duchamp bis zur Gegenwart*, Stuttgart 1995, S. 74ff.; ders., »Multiple«, in: Hubertus Butin (Hrsg.), *DuMonts Begriffslexikon zur zeitgenössischen Kunst*, Köln 2002, S. 219ff.
5   Cf. Hanne Zech, »Aspekte der Serialität«, in: *Produkt: Kunst! Wo bleibt das Original?*, Bremen 1997, S. 76ff.

Prägung verleihen. So zeigen Thomas Virnichs *Wäldchen auf Pilz* eine bemerkenswerte vegetative und farbliche Bandbreite, die Überlegungen zu Biodiversität und epiphytischem Wachstum anstösst, und bei Thomas Müllenbachs *Rahmen* weist – so diktieren es Materialität und Technik – jedes sorgfältig gewickelte Exemplar eine leicht divergierende Reliefierung auf. Doch nicht nur in ›autografischen‹ Differenzierungen kommt die Variabilität als formales Prinzip zum Ausdruck. Auch die mit vorgefertigten Komponenten entwickelten Objekte von Maya Bringolf, Ayşe Erkmen und Edit Oderbolz oder Morgane Tschiembers *cut and fold* schöpfen die Abweichungen innerhalb der Auflage aus dem Wissen um den Gesamtzusammenhalt der ganzen Serie, der als tautologisches Spielfeld variable Züge in sich vereint. In einem ähnlichen Zwischenbereich von (konzeptueller) Entität und Differenz sind die aktionsbasierten Multiples zu situieren. Roman Signers *Sonnenbrille* oder seine *Uhr* entpuppen sich als raumzeitliche Kondensate, die aufgrund der fünfmaligen Wiederholung der Handlung – das Zünden des Schwarzpulvers, der Pistolenschuss – den Status einer mehrfachen Bekräftigung und Rückverweisung erfahren. Katja Schenkers *Nougat*, eine geologisch anmutende Gemengelage mit teils mutablen Einsprengseln, operiert hingegen mit dem Aspekt der Dauer: Die Zeitlichkeit, die dem performativen Herstellungsprozess und damit den ›Materialblöcken‹ inhärent ist, erscheint als elastische, auch in die Zukunft gedehnte Kategorie, die jedes Exemplar in Wechselwirkung mit den Umgebungsbedingungen weiterformt.

Dass diese handliche Kunstform auch der Ironie, dem mehrdeutigen Humor nicht abgeneigt ist, bestätigen u. a. die Objekte von Ian Anüll. *Reden ist Silber, Schweigen ist Gold* überträgt eine alte Weisheit in eine kompakte Bildform, wobei das essenzielle Graphem R auf die Seitenkante des blockhaften Trägers verschoben ist, infolgedessen darauf ›nur‹ die golden leuchtende Sehnsuchtsvokabel EDEN prangt. Bei *Jubiläum* wiederum mutiert das Relikt anarchistischer Tage, der Pflasterstein der 68er Jahre, durch seinen phosphoreszierenden Überzug zum Leuchtzeichen im Dunkeln, zum (detektierbaren) Gedenkstein einer vergangenen Revolution, noch immer wirkungsmächtig, aber keinesfalls mehr anonym. Barbara Mühlefluhs *!* oder Shahram Entekhabis *Islamic Vogue* respektive *him and her* verankern den subversiven Gehalt einerseits im persönlich geprägten ›Revolutionspotenzial‹ jedes Einzelnen, andererseits im aktuellen politischen Diskurs von Identitätskonstruktionen und Machtdispositiven. Knappe, schnörkellose Statements, die man gefahrlos den literarischen Genres des (politischen) Witzes oder Aphorismus' gegenüberstellen kann.

»Das Andere ist im Selben.« (Jacques Derrida)[6]

Bei jedem Versuch der Kategorisierung entziehen sich immer wieder einzelne Fälle der Einordnung in ein System oder sprengen dessen Raster. Von der zeitgenössischen Kunst diesbezüglich eine Ausnahme zu erwarten, wäre widersinnig und missverstünde zentrale Aspekte künstlerischer Praxen. Daher begegnet man auch innerhalb der *Edition 5* Arbeiten, die die bereits erwähnten impliziten Charakteristika um eine essenzielle Dimension erweitern. Gemäss der Terminologie des Philosophen Nelson Goodman sind Multiples »allografische Kunstwerke«.[7] Als solche entstehen sie anhand einer Notation oder Anleitung, in der alle konstitutiven Eigenschaften verzeichnet sind; sämtliche autorisierten Ausführungen sind einander gleichwertig. Sonja Feldmeier und San Keller schliessen bei ihren Objekten eine zusätzliche Handlungsanweisung in die ›Partitur‹ ein – diejenige an die KäuferInnen, denen damit ein definierter Aktionsrahmen zugeteilt wird.[8] Sie ergänzen das Konzept des Allografischen um die Ebene der Partizipation, wobei die Entscheidungen der EigentümerInnen die individuelle physische und ästhetische Formung jedes Exemplars prägen. Und diese sollten nicht leichtfertig getroffen werden. Soll die Käuferin Kellers Absatzeisen aus Massivgold an ihre Tanzschuhe montieren und

---

6 Jacques Derrida, »Ellipse«, in: ders., *Die Schrift und die Differenz*, Frankfurt a.M. 2006, S. 446.
7 Cf. Pias, op. cit. Anm. 3 (1995), S. 78–79, unter Bezug auf Goodmans *Languages of Art* (1968).
8 Diese Strategie kommt der von Daniel Spoerri und Karl Gerstner geforderten Interaktion des Multiples mit den BetrachterInnen sehr nahe. Cf. Daniel Spoerri, »das multiplizierte kunstwerk« (1959), und Karl Gerstner, »Erläuterungen über den Versuch zu einer veränderbaren Reihenkomposition« (1955), abgedruckt in: Vatsella, op. cit. Anm. 2, S. 259, 261–263.

die materiale Identität der Arbeit eigenbeinig in Grund und Boden stampfen? Wird der passionierte Sammler den Film aus Feldmeiers Einwegkamera entwickeln lassen, die von einer blinden Person aufgenommenen Bilder aus dem schützenden Dunkel ans Licht zerren? Und wie steht es um die sozialen oder ethischen Konsequenzen, wenn man Feldmeiers auf Schweinsleder geprägte DNS-Tattoos von fünf Klon-Ferkeln als (unliebsame) Präsente über seinen Freundeskreis ausschüttet? Zumal der Erwerb eines Exemplars den Eigengebrauch, die freie Weitergabe und sogar den Verkauf des Motivs autorisiert. Mit der Übertragung der supplementären – vollendenden? – Ausführung der Arbeit auf die Käuferseite potenziert sich der Aspekt des Wertetausches, greift in philosophische, ökonomische oder theologische Bereiche aus. Die folgenreiche Initialfrage bleibt immer bestehen: Wie bewertet man als EigentümerIn diese Facette der Arbeit, inwieweit fühlt man sich verpflichtet, den implizierten Möglichkeiten nachzugeben?

Die Edition *Fünf Belege* von RELAX (chiarenza & hauser & co) verdient aus anderen Gründen eine gesonderte Betrachtung. Sie basiert auf einem Produktionsskript, in dem dem Herausgeberpaar eine anders gelagerte ursächliche Aufgabe zugewiesen wird. Die Auflage umfasst fünf Restaurantrechnungen, die jeweils in einer MDF-Box hinter Glas montiert sind. Jede Quittung belegt die Konsumation von mehreren Personen, liefert Informationssplitter, die sich zu einer gerechtfertigten Annahme verdichten – dem gemeinsamen Abendessen von RELAX mit Ruth und Jürg Nyffeler. Die nüchterne Faktizität der Arbeit besticht, führt aber auch in die Irre. Sie tarnt letztlich ein komplex ineinander verschachteltes, sich selbst kommentierendes Verweisungsgebilde, das u. a. kulturelle Referenzen wie das Gastmahl umfasst, aber auch gesellschaftliche Codierungen – »Wer zahlt, befiehlt!« – oder (kultur-)ökonomische Bezugnahmen wie das Verhältnis von Produktionskosten, i. e. Rechnungsbetrag, zum Verkaufspreis. RELAX formulieren Fragen nach Wertesystemen inner- und ausserhalb der Kunstwelt, um diese mit tatkräftiger Unterstützung der unternehmerischen Seite in ironisch-kritischer Weise als Orte der Differenz, als Terrain der unsichtbaren, doch prägnanten Unterschiede zu bezeichnen. *Fünf Belege* artikuliert in verknappter Form zentrale Einsichten in sprachliche und nichtsprachliche Denkkonstruktionen. Zugleich ist es innerhalb der *Edition 5* die ›persönlichste‹ Arbeit, in die Herausgeberin und Herausgeber unmittelbar eingeschrieben sind und wo deren Rollenverständnis als involvierte Beteiligte exemplarisch zum Ausdruck kommt.

»[...] das abschliessende Stück ist die Person des Sammlers selbst.« (Jean Baudrillard)[9]

Fokussiert man nun die gleichzeitige Sammeltätigkeit von Ruth und Jürg Nyffeler, so fällt sofort die konzeptuelle Stringenz ins Auge. Sie erwerben von jeder Edition ein Exemplar, vorzugsweise die Auflagenummer 1/5, und ermöglichen so die nachvollziehbare kontextuelle Einbindung jeder Arbeit in den Gesamtzusammenhang. Die Werkliste der Edition und die Sammlung sind hinsichtlich der Auswahlkriterien kongruent, Realisierung und Akquise erfolgen fast synchron. Zugleich katapultiert diese Annäherung sofort ein weiteres Multiple ins Blickfeld, die *Edition* von Christoph Büchel. Ein Messestand fungiert als äussere Hülle, der die übrigen, zum Ankaufszeitpunkt verfügbaren Objekte als inhärente Bestandteile in sich einschliesst. Büchel delegiert die Ausprägung seines work in progress (oder auch in decrease) an Herausgeberin und Herausgeber und an den Zufall. Entscheidungen hinsichtlich neuer Editionsvorhaben, aber auch der Verkaufserfolg aller bereits realisierten Objektserien determinieren somit Umfang und Inhalt jedes einzelnen Exemplars. Auch in diesem Fall hat die Nummer 1/5 Eingang in die Sammlung von Ruth und Jürg Nyffeler gefunden, wodurch sich gemäss den Gesetzen der Mengenlehre ein absurdes Diagramm von Schnitt- und Restmengen ergibt. Denn in letzter Konsequenz wurde 2001 mit der ersten Ausführung der Arbeit der gesamte bis dahin aufgebaute Sammlungsbestand virtuell trans-

---

9   Jean Baudrillard, *Das System der Dinge. Über unser Verhältnis zu den alltäglichen Gegenständen*, Frankfurt a. M./New York 1991, S. 116.

feriert, er ist ab diesem Moment Element der neu gegründeten Teilmenge *Edition*, die ihrerseits mit der anderen, ›jüngeren‹ Teilmenge der Sammlung (den nach 2001 entstandenen Multiples) keine Überschneidung aufweist. Eine listige Konzeption, deren Umsetzung Ruth und Jürg Nyffeler die Möglichkeit bietet, ihre eigene Tätigkeit im Handlungsfeld selbst zu reflektieren: Denn obwohl dieses Werk die Sammlung inhaltlich und faktisch bereichert, unterwandert es gleichzeitig deren konzeptuelle Disposition.

Gerade die beiden letztgenannten Multiples legen den Schluss nahe, dass für Ruth und Jürg Nyffeler jede Kooperation, jede neue Edition also, ein Abenteuer mit ungewissem Ausgang darstellt. Den Antrieb dieser spannungsgeladenen Unternehmungen bilden Unerschrockenheit und Vertrauen, aber auch die Lust am Austausch, am Involviertsein in künstlerische Entscheidungs- und Entwicklungsprozesse. Immer steht und stand der persönliche Kontakt im Zentrum, der anlässlich der legendären Sommerwanderungen, bei unvergesslichen Besuchen in Erstfeld, gemeinsamen Abendessen und Vernissagebesuchen vertieft wird. Dieser Keimzelle entspringt das weitreichende professionelle und soziale, unternehmerische und freundschaftliche Netzwerk, das an den Rändern stetig weiterwächst, seine Fühler mit ungebremster Neugierde und Begeisterung nach neuen Vorhaben ausstreckt. Seine sichtbarste Bekräftigung findet das gegenseitige Commitment von Herausgeberpaar und KünstlerInnen in den Auflageobjekten selbst, die im übertragenen Sinn die Kreuzungspunkte dieses lebendigen Geflechts markieren. Füreinander und für eine gemeinsame Sache einstehen: Im Vorhaben der *Edition 5* spiegelt sich der eingangs erwähnte Wahlspruch von Dumas' Musketieren, die auch noch *Vingt Ans après* – im zweiten Teil der Trilogie – ihr Kräftebündnis besiegeln und gemeinsam zu neuen heroischen Taten aufbrechen. Ein Szenario, das man der *Edition 5* gerne als Zukunftsperspektive wünscht.

Irene Müller, Februar 2010

René Zäch
Antenne 2004
MDF, Sperrholz, Gummi, Eisenschutzfarbe
91 × 14 × 7 cm
2004

Roman Signer
Eishockey
Holz bemalt, Acrylglas
118 × 109 × 8 cm
2009

Roman Signer
Lampe
Acrylglas, Wachs
41,5 × Ø 7 cm
2006

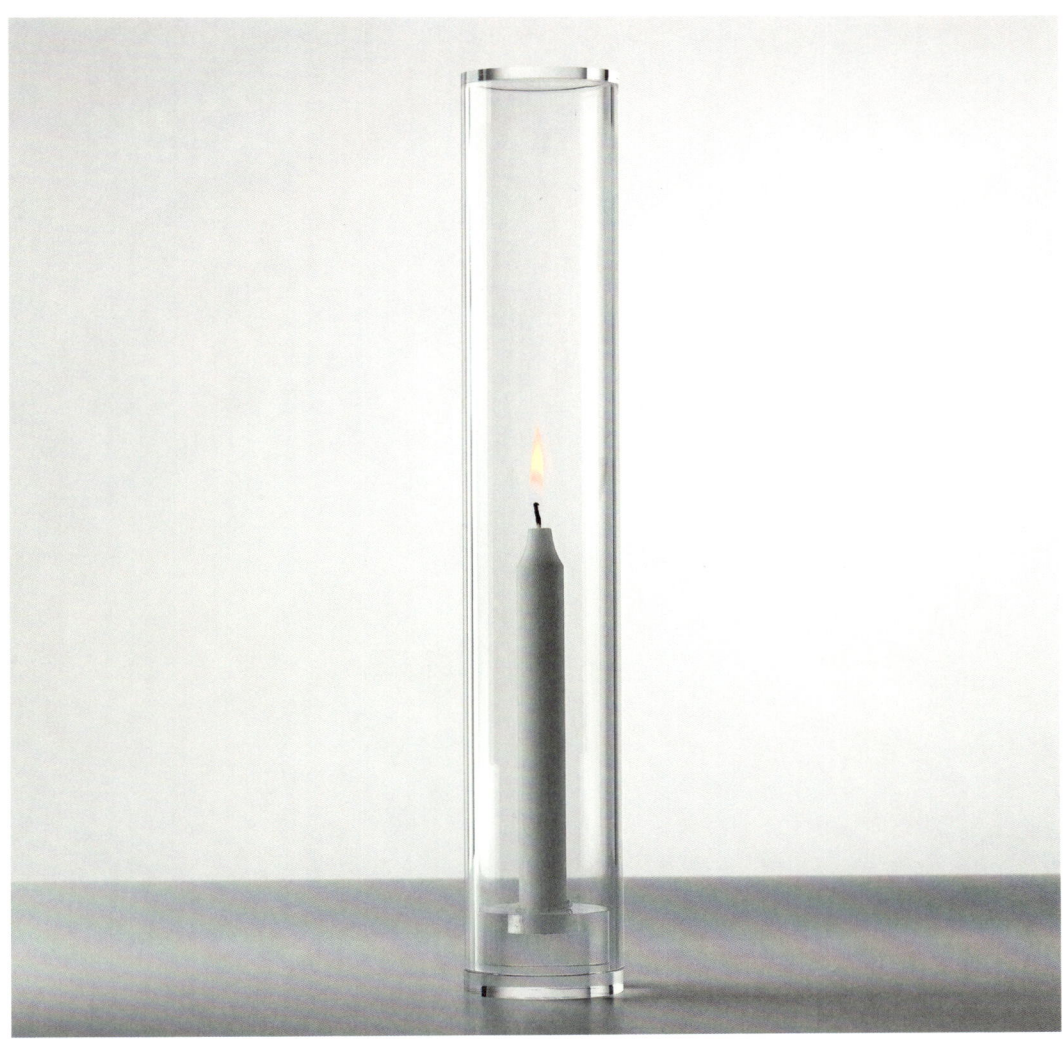

23

René Zäch
Ohne Titel
Stahlblech lackiert
Ø 30 × 7,5 cm
2002

Chantal Romani
il tran tran
Acrylglas,
LCD-Monitor,
Flash-Card-Player
15 × 19,5 × 30 cm
6 min 55 s (loop)
2009

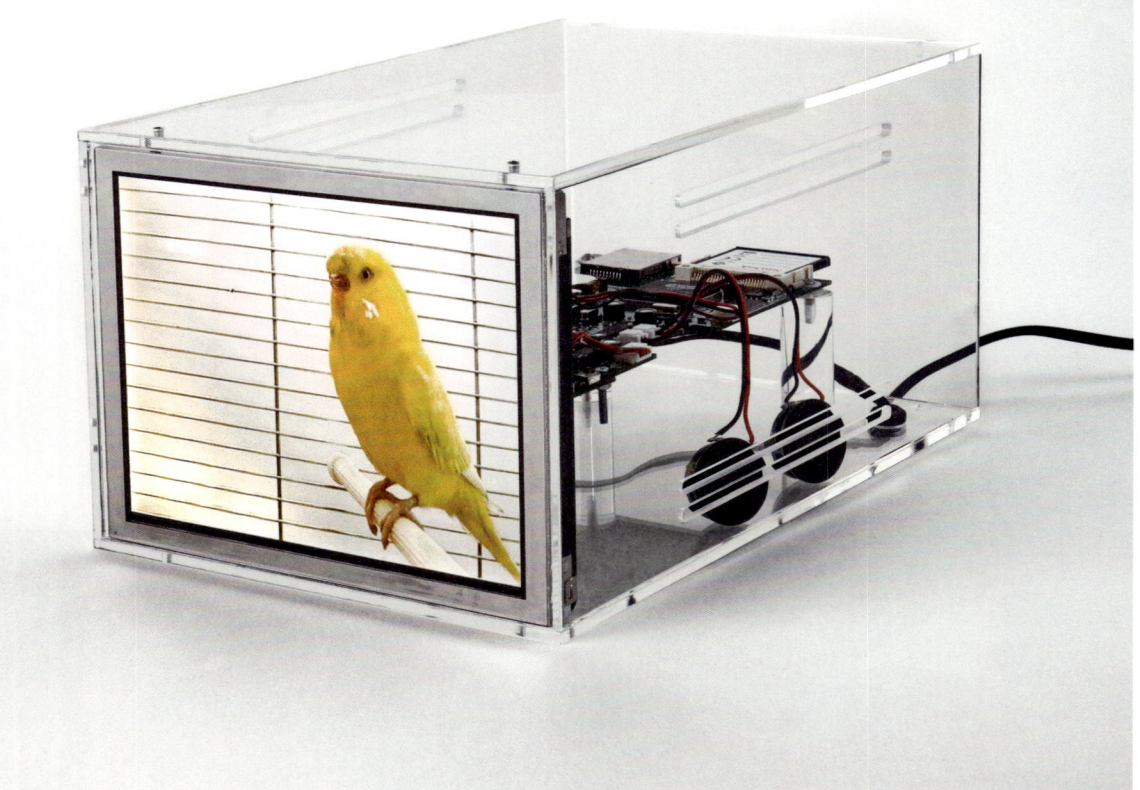

René Zäch
Tag und Nacht
Sperrholz lackiert, Metall
106 × 38 × 12 cm
2007

Markowitsch / von Matt
Barley
Duripanel, Metall, Lampe, Glas, Buch
27,5 × 30,6 × 30,6 cm
2004

Roman Signer
Tischchen
Holz, Rakete
19 × 11 × 7 cm
2000

Shahram Entekhabi
Kilid
Holz, Aluminiumlochblech, Neonlicht, Folien
40 × 90 × 11 cm
2004

Ugo Rondinone
GROUNDLESSNESS
Plexiglas verspiegelt, Holz bemalt
57,5 × 48 × 2,8 cm
2004

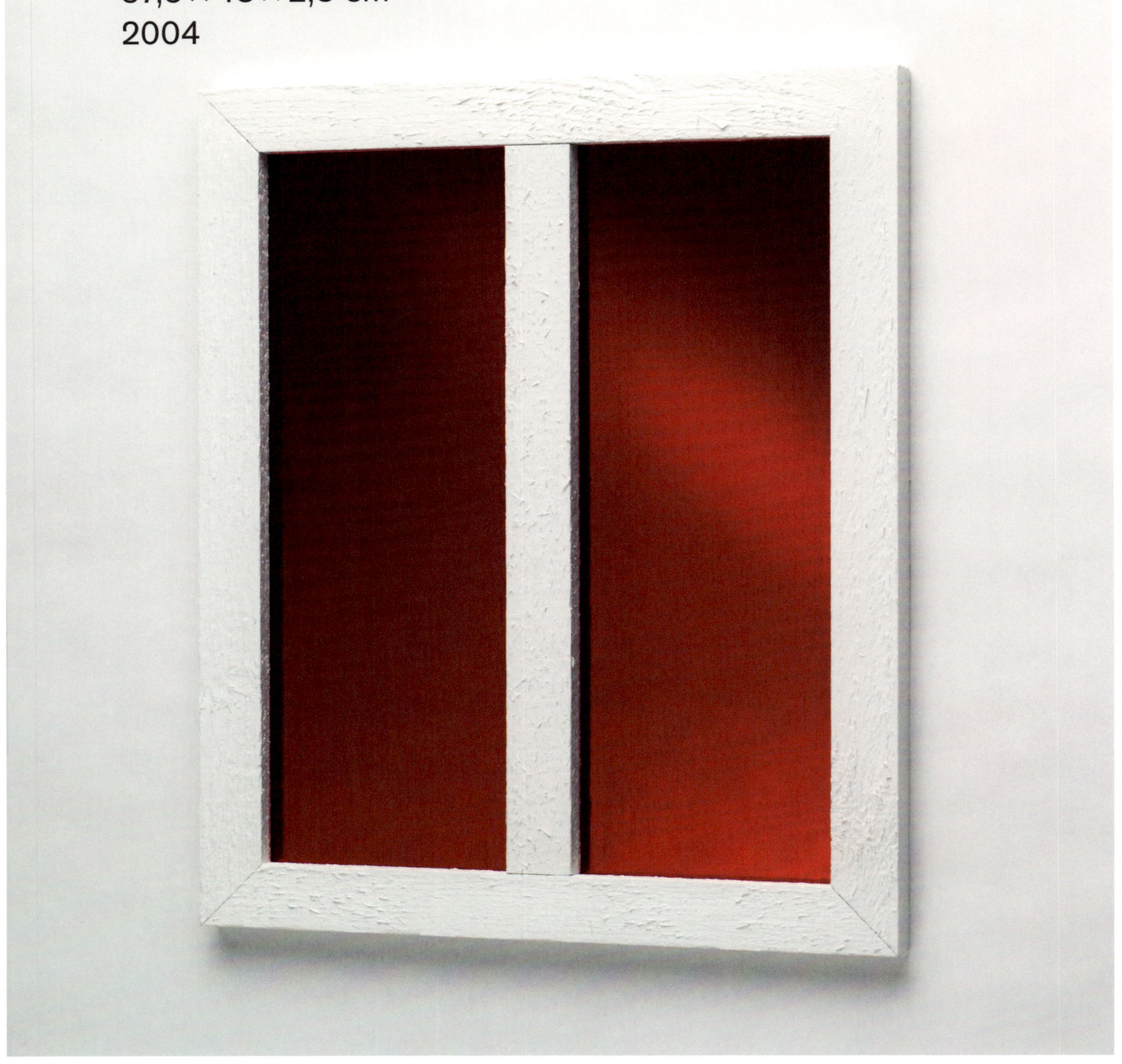

Urs Frei
Ohne Titel
Acrylfarbe auf Metall
36 × Ø 6 cm
2009

Urs Frei
Ohne Titel
Sperrholz bemalt
40 × 41,5 × 0,6 cm
2005

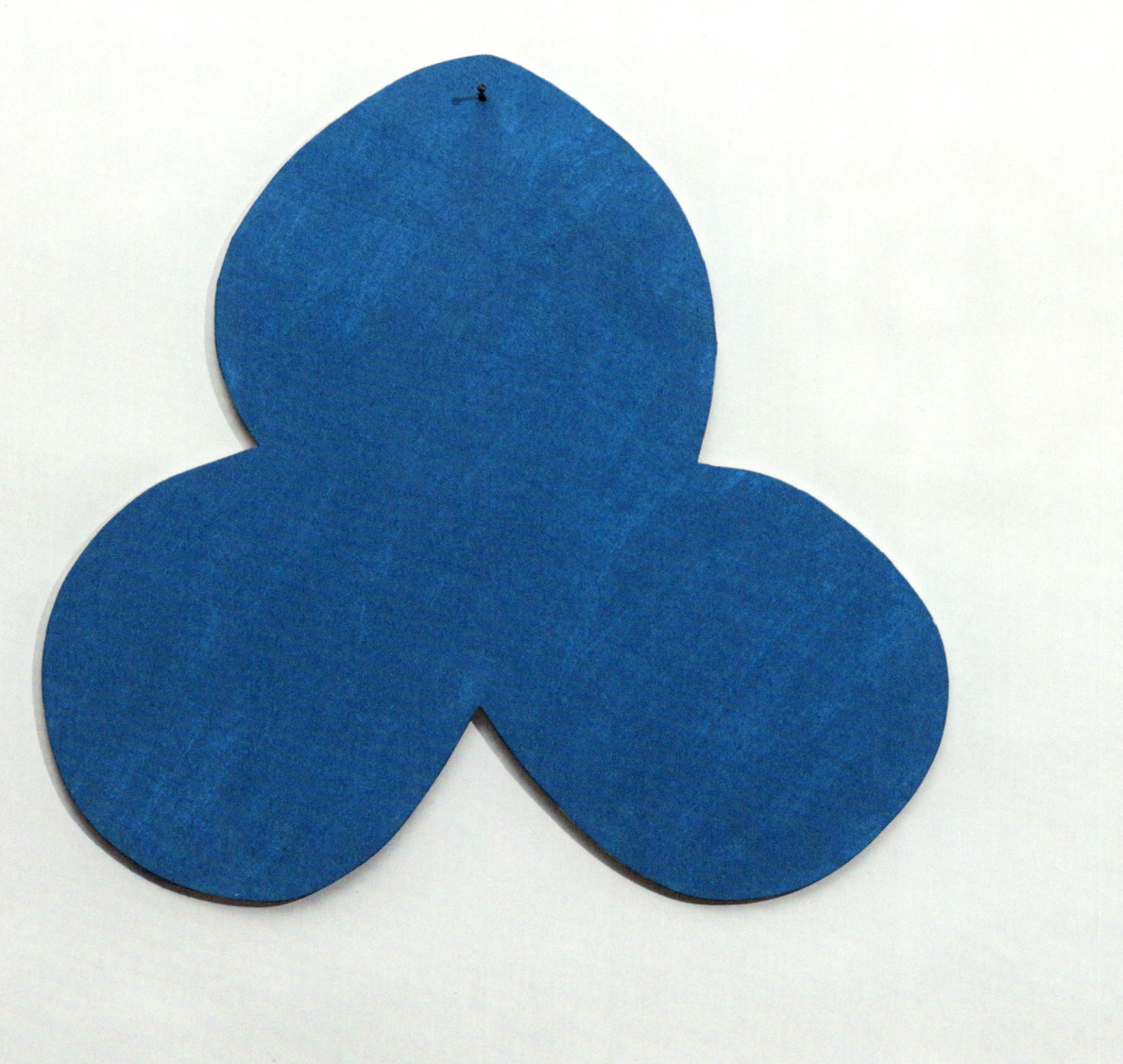

Ugo Rondinone
dort
Bronze unbehandelt
15,8 × 6,4 × 1,5 cm
2007

Ian Anüll
TRADEMARK
Siebdruck auf Leinwand
40 × 40 × 2,5 cm
2007 / 2009

Edit Oderbolz
Ohne Titel
Metall, Plexiglas
30 × 50 × 45 cm
2005

Aldo Walker
Ohne Titel
Metall, Kunststoff
Ø 16 und 18 cm
1998

Urs Frei
Ohne Titel
Sperrholz bemalt
32 × 50,7 × 0,7 cm
2001

Matthew McCaslin
8 days a week
7 Wecker
29 × 27 × 14 cm
2007

Urs Frei
Ohne Titel
Batterien, Isolierband
Ø 4 × 14,5 cm
1996

Roman Signer
Sonnenbrille
Holz, Kunststoff, Glas
6 × 25 × 45,5 cm
2004

Shahram Entekhabi
Islamic Vogue
Magazin Vogue, Acrylfarbe, Permanent Marker, Karton
46,5 × 33,5 × 4 cm
2005

Shahram Entekhabi
him and her
Magazin H&M,
Acrylfarbe,
Permanent Marker,
Karton
45 × 33 × 4 cm
2006

Barbara Mühlefluh
!
Holz, Sperrholz bemalt
100 × 17 × 2,5 cm
2005

Adrian Schiess
Vollmond
Kunstharz
Ø 23 × 2 cm
2000

André Bless
Freeze
Fotografie auf Hartfaserplatte /
Taschenlampe
20,5 × 27,5 × 0,5 cm / Ø 3 × 14 cm
2006 / 2009

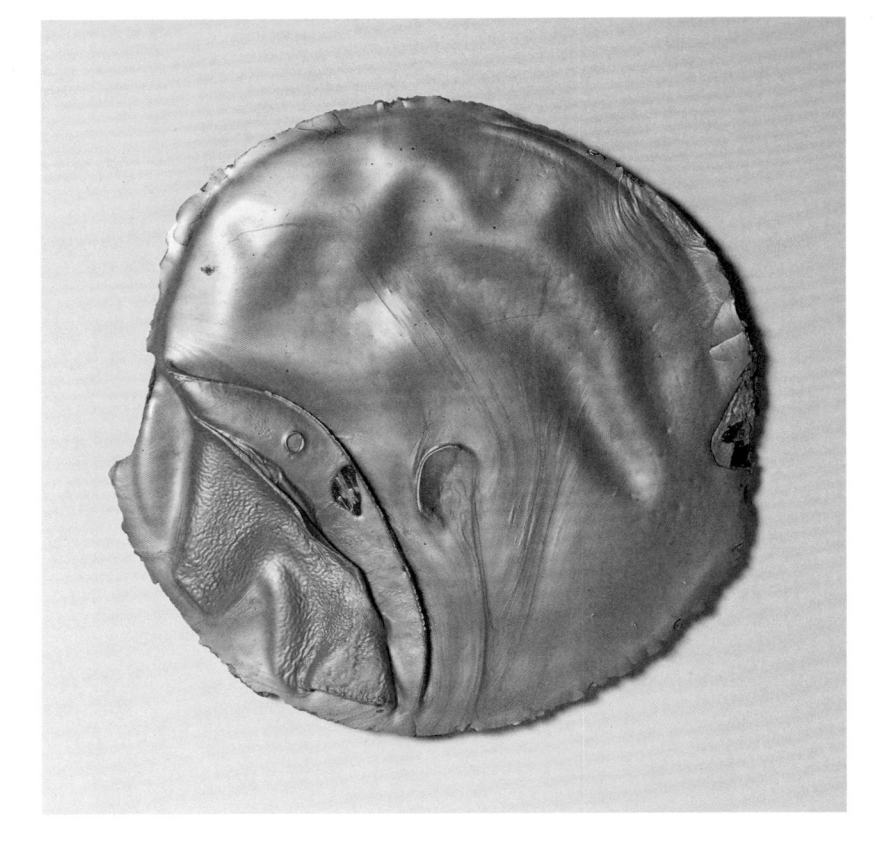

Morgane Tschiember
Divagation 5
Sperrholz lackiert
40 × 40 × 15 cm
2006

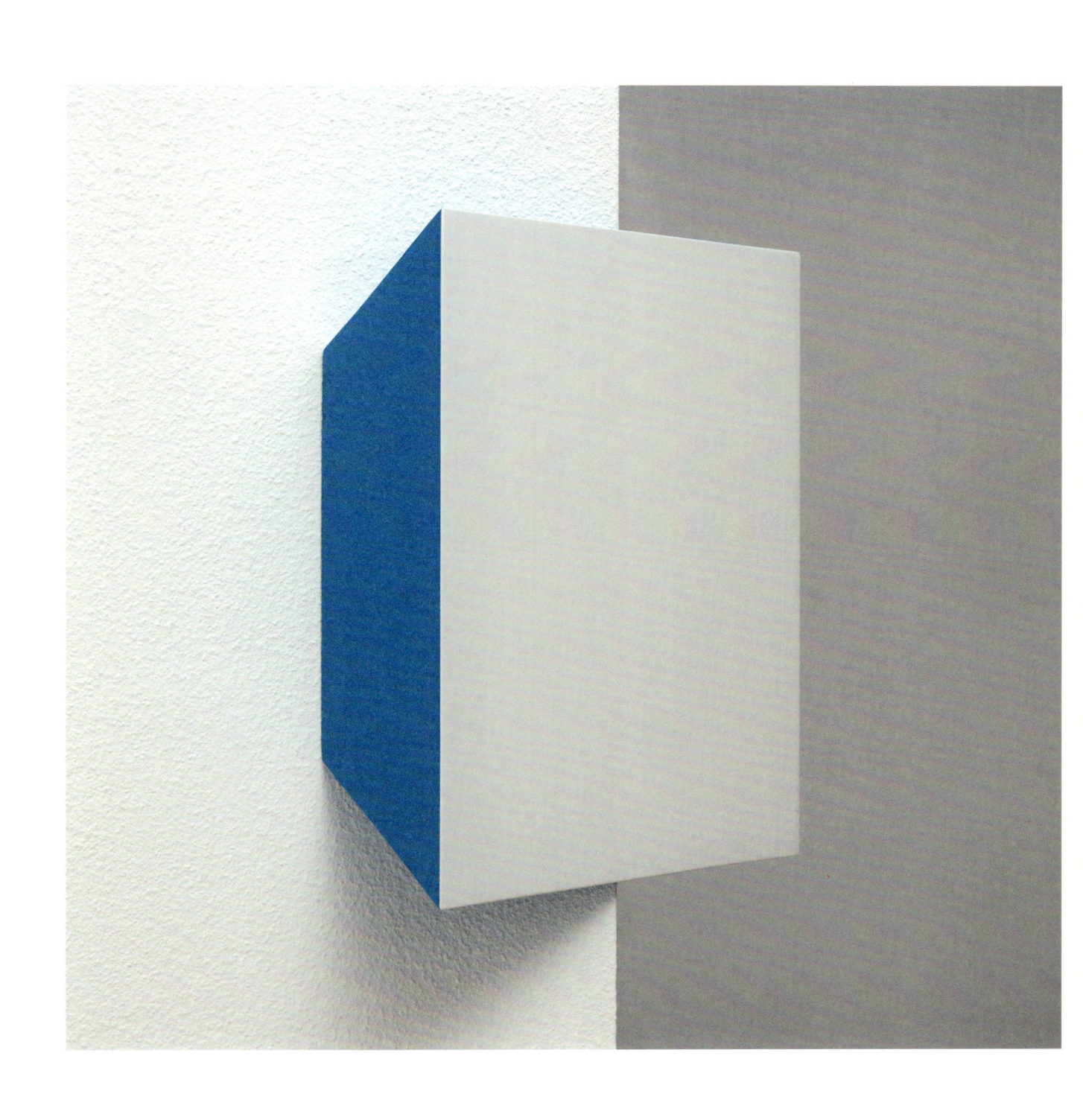

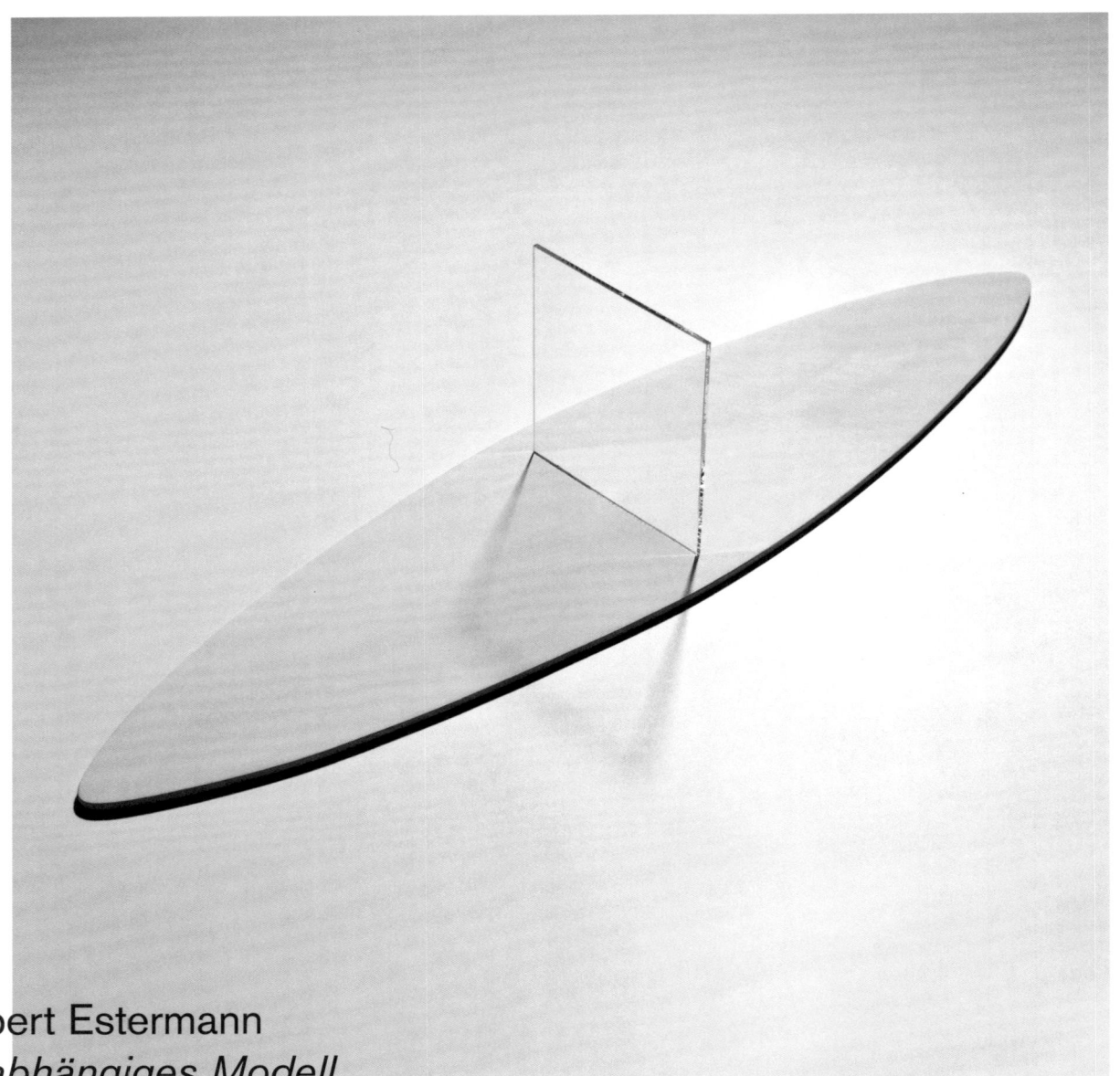

Robert Estermann
Unabhängiges Modell
Pappelsperrholz,
Dispersionsfarbe, Weissglas
11,5 × 60 × 14,8 cm
2008

Anton Egloff
étoile filante
Karton bemalt
109,5 × 8 × 5 cm
2006

Olivier Mosset
light fixture
MDF lackiert, Balkenleuchte, Lichtröhre
14 × 80 × 14 cm
2005

Adrian Schiess
Vollmond
Metall, Kunstharz
22 × 29 × 9 cm
2001

Morgane Tschiember
cut and fold
Aluminium lackiert
55 × 45 × 15 cm
2008

Olivier Mosset
Parkett Edition
Parkettelemente,
Holz
60 × 60 × 10 cm
2003

Katja Schenker
Nougat
Beton, Gestein, Metalle, Fossilien, organische Materialien
24 × 40 × 40 cm
2009

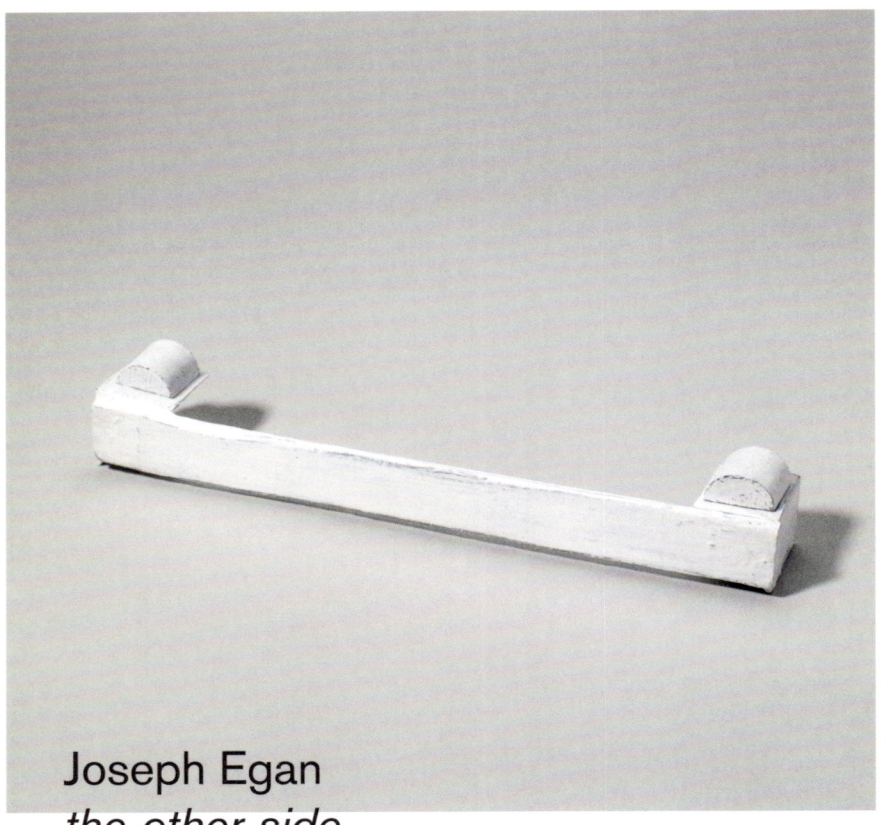

Joseph Egan
the other side
Bronze bemalt
5 × 28 × 4,5 cm
2003

John Armleder
modulor 2
Reliefplatte PVC verspiegelt, Holz
60 × 60 × 5,5 cm
1998

John Armleder
modulor 3
Reliefplatte PVC verspiegelt, Holz
60 × 60 × 10 cm
2000

müller-emil
743a
Aluminium gespritzt
100 × 6,1 × 3 cm
2000

John Armleder
modulor 4
Reliefplatte PVC verspiegelt, Holz
60 × 60 × 6,5 cm
2001

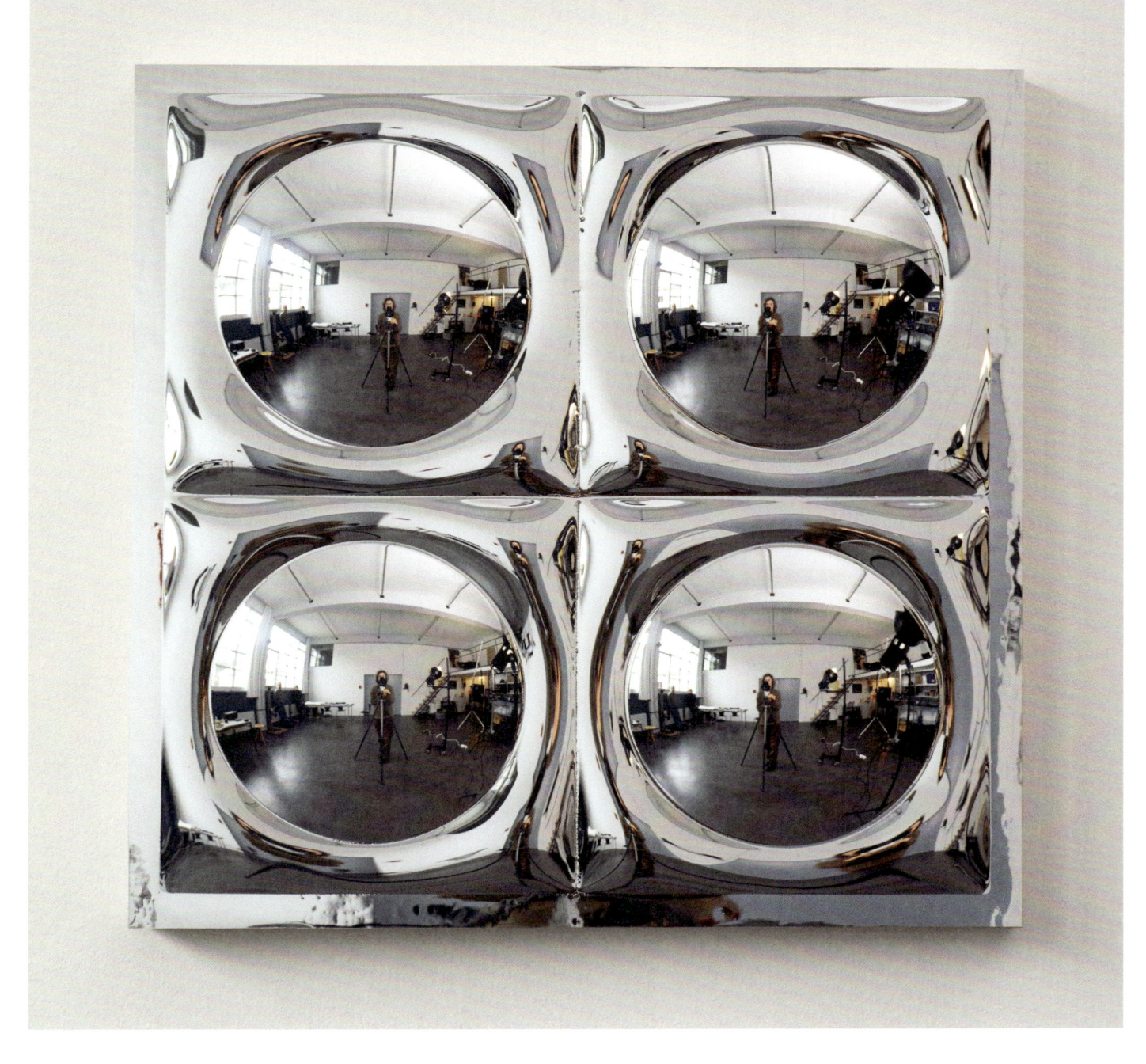

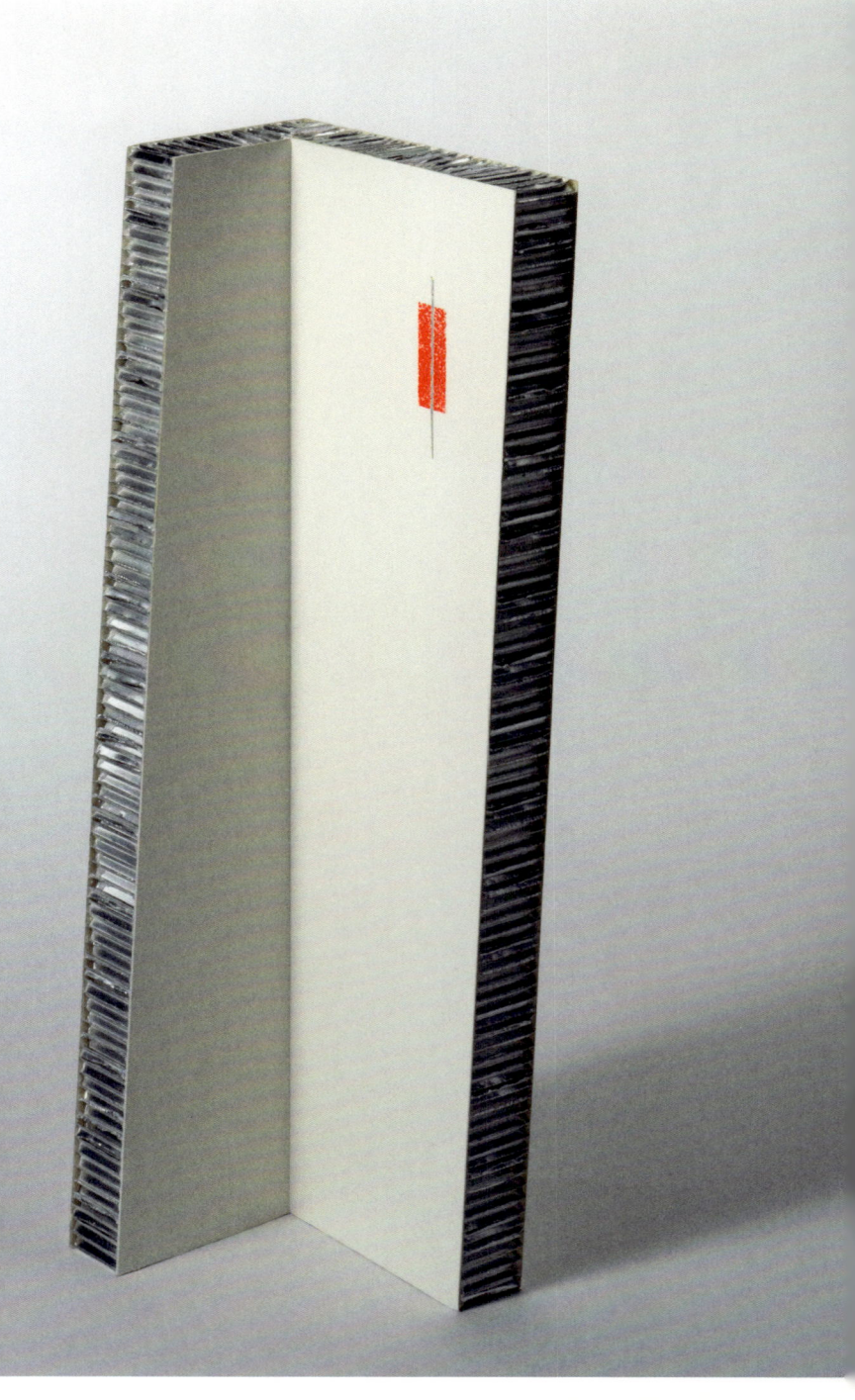

Joseph Egan
something
Holz bemalt
15 × 3 × 3,5 cm
2008

Franz Fedier
Objekt
Bienenwabenaluminium,
Kunstharz
57,7 × 22 × 15,5 cm
1997

Karin Sander
Signalrote Haftetiketten Ø 5 cm
Holz, Glas, Haftetiketten
25 × 32 × 3,5 cm
2006

Ayşe Erkmen
kleine gemütliche Ecke
Emailtafel
50 × 37 × 2 cm
2009 / 2010

Karin Sander
2 × Hoch- und Querformat
Holz, Glas, rostiges Metall
46,5 × 89 × 2,2 cm
2007

Karin Sander
DIN A4
Weisser Schokoladenguss, feine Kuvertüre
21 × 29,7 × 0,3 cm
2010

Miquel Mont
Déception Désir
Acrylglas bemalt
15 × 21 × 1,6 cm
2008

Francis Baudevin
Ohne Titel
Aluminiumrahmen, Kunststoff
60 × 60 × 6 cm
2006

Anila Rubiku
*»The best intentions are
the biggest disappointments«*
Holz, Leinen,
Baumwoll- und Seidengarn
45 × 32 × 28 cm
2006

Aldo Walker
Ohne Titel
Polyurethan, Metall, Wachs
32 × 34 × 27 cm
2000

Pierre Ardouvin
Partir un jour
Metall, Kunststoff, Holz
12 × 38,5 × 6 cm
2008

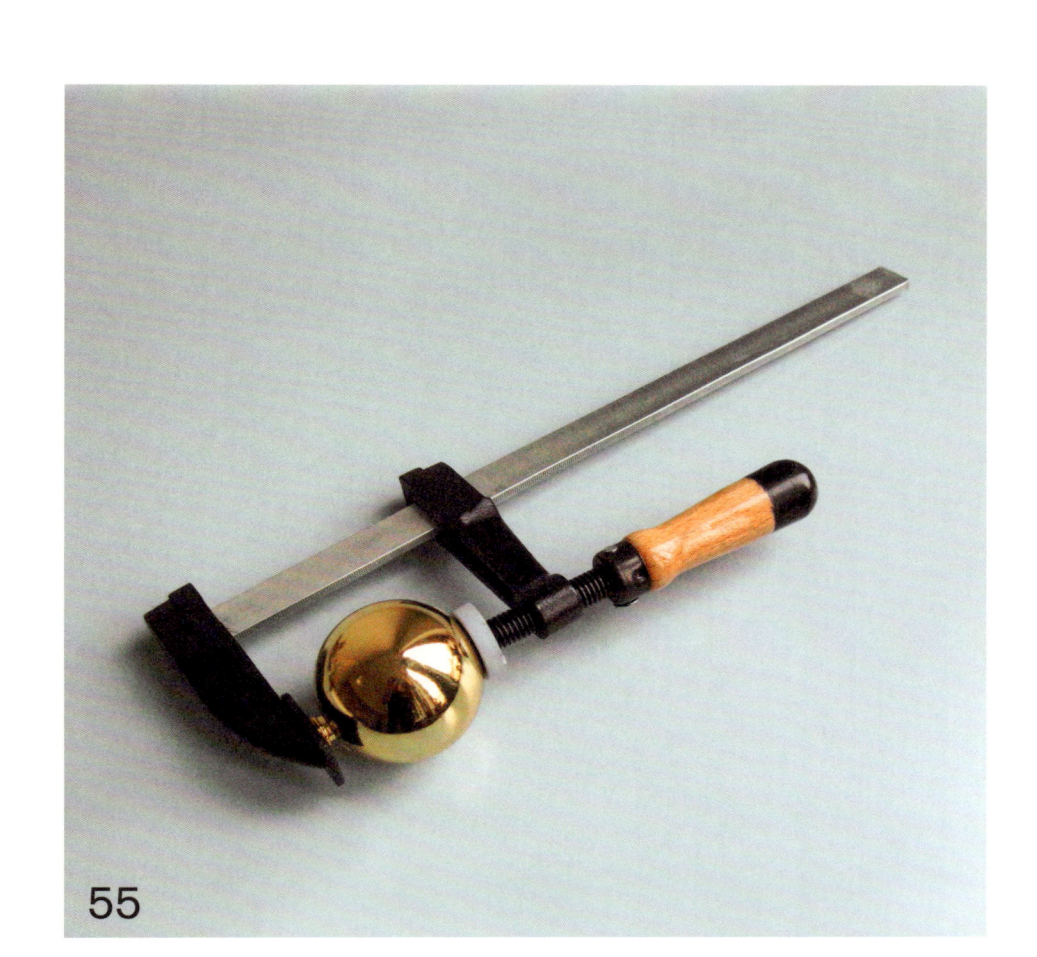

Fabrice Gygi
Grappin
Stahl, Nylonseil
16,5 × 16,5 × 24 cm
2006

Christoph Rütimann
Drei Waagen
Metall
34 × 31,5 × 37 cm
1997

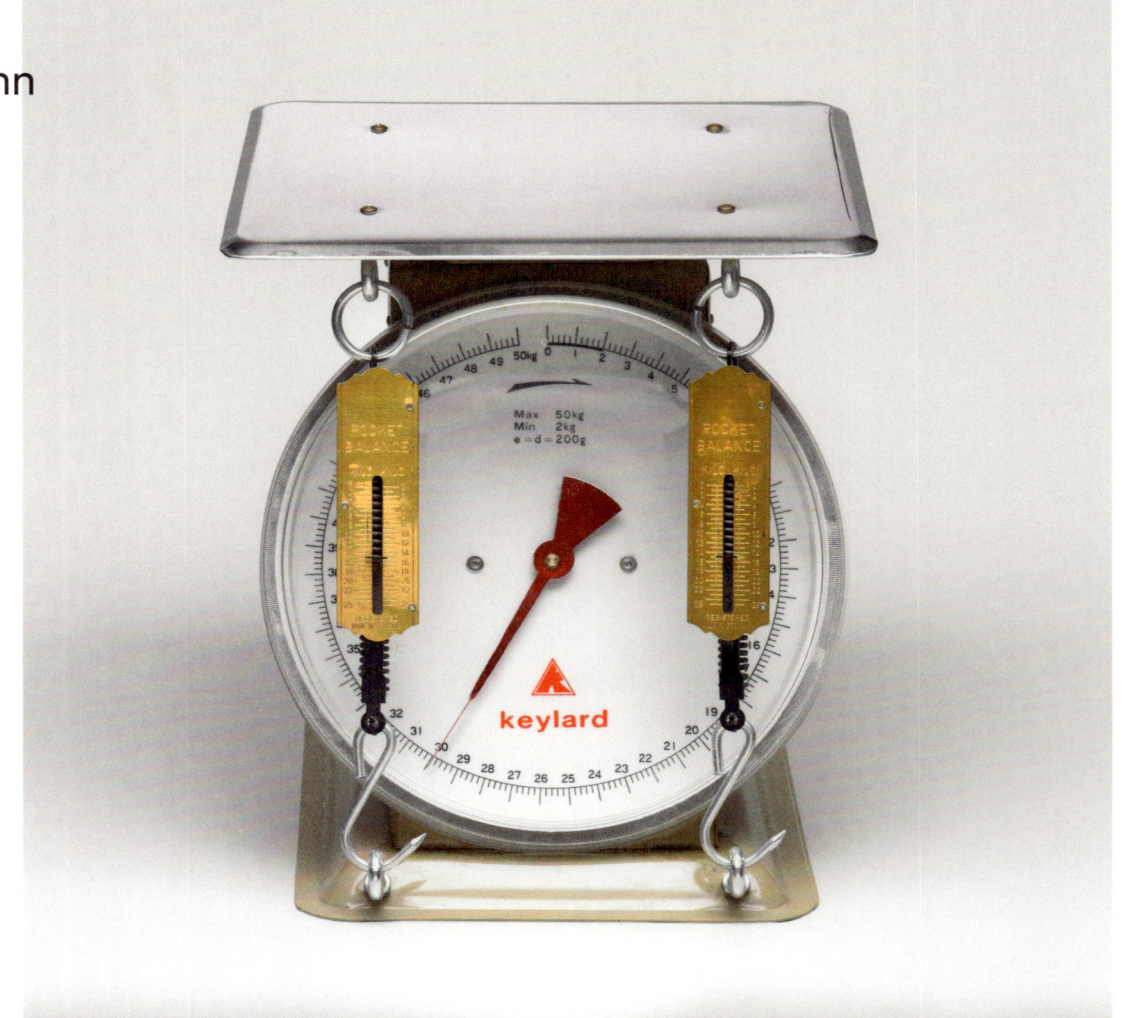

Christoph Rütimann
INVERSION IN GELB
Glas, Acrylfarbe
Ø 62 cm
2002

Christoph Rütimann
Gewicht in Gips
Gips, Personenwaage
16 × 45 × 43 cm
2005

Adriana Stadler
Sand-Stein
Sandstein, Sand,
Metallbüchse
21 × 17 × 17 cm
1996

Ian Anüll
Jubiläum
Granit,
phosphoreszierende Farbe
7 × 7 × 7 cm
2008

Barbara Mühlefluh
Dunkle Ecke
Holz, Silikon
50 × 36 × 36 cm
1999

Thomas Virnich
Wäldchen auf Pilz
Baumpilz, Kunststoff, Farbe
25 × 30 × 17 cm
2008

Leiko Ikemura
Wer hat Angst vor Catgirl?
Bronze bemalt
20,5 × 5,5 × 12 cm
2003

Leiko Ikemura
Girl with hummingbird
Bronze bemalt /
Papier, Plot
teilweise handkoloriert
20,5 × 10 × 11 cm /
31 × 22 cm
2008

Hans-Peter Kistler
Malkiste
MDF, Leinwand, Pigment, Bindemittel
24,5 × 21 × 21 cm
1999

Caroline Bachmann
Presence
Kautschuk
39 × 13,5 × 13,5 cm
2005

Ingeborg Lüscher
Ohne Titel
Schwefelblume, Plexiglas
22 × 22 × 22 cm
1995

Philipp von Matt
Abfall
Schaumglas, Metallstift
17,5 × 10,5 × 11,5 cm
2007

Stefan Gritsch
Acrylfarbe 1990 – 2002
Acrylfarbe
6 × 12 × 10 cm
2002

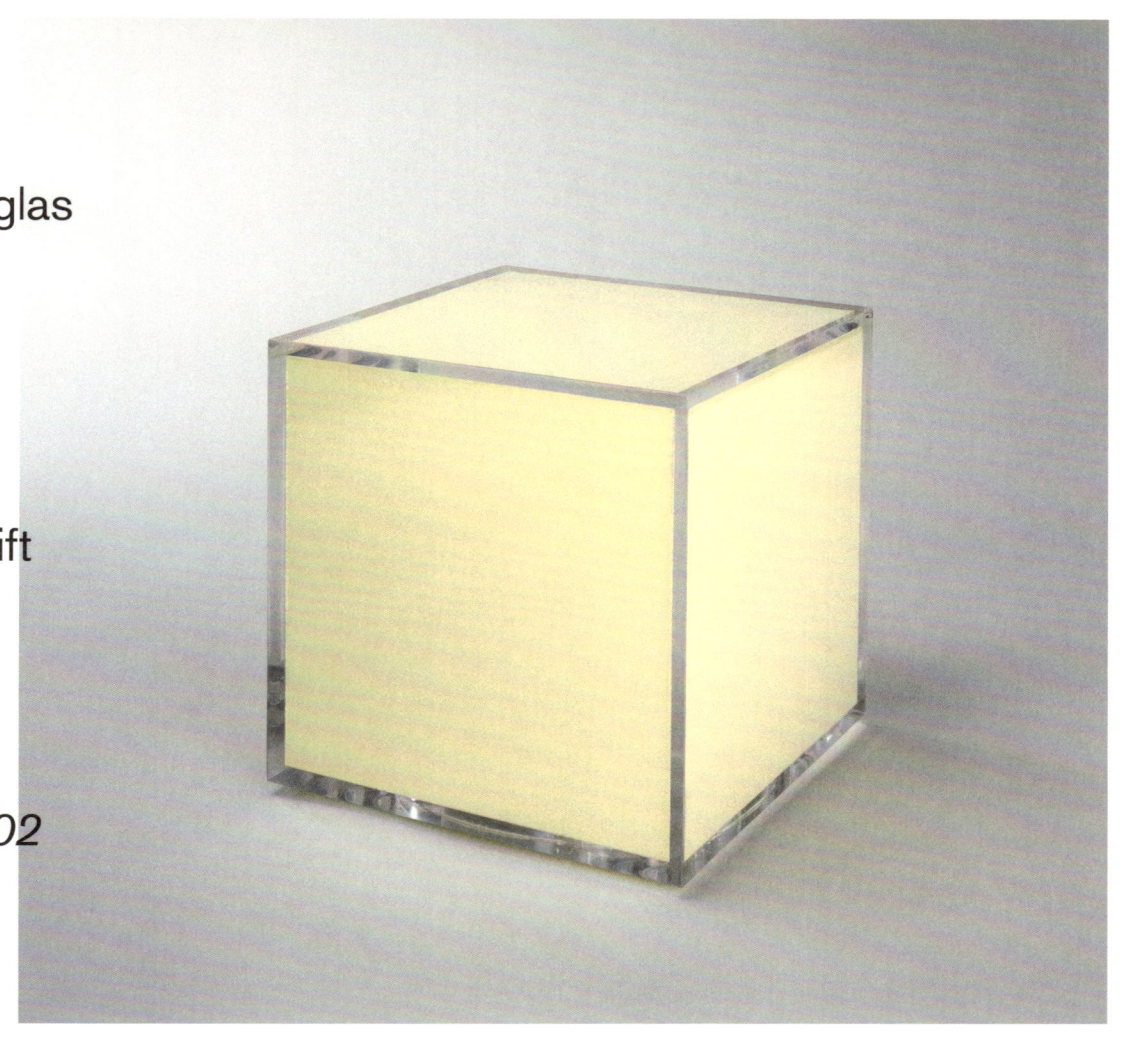

Carola Bürgi
Portefeuille
Plastiksäcke,
Metallklammer rotvergoldet
35 × 30 × 35 cm
2009

Franziska Furrer
vergewissern
Baumwolle, Metall, Glas,
Kunststoff
12 × 15 × 9 cm
2009

Claudia Di Gallo
Contact
Fotografie, Leuchtkörper, Glas, Holz, Adapter
42,5 × 52,5 × 3 cm
2002

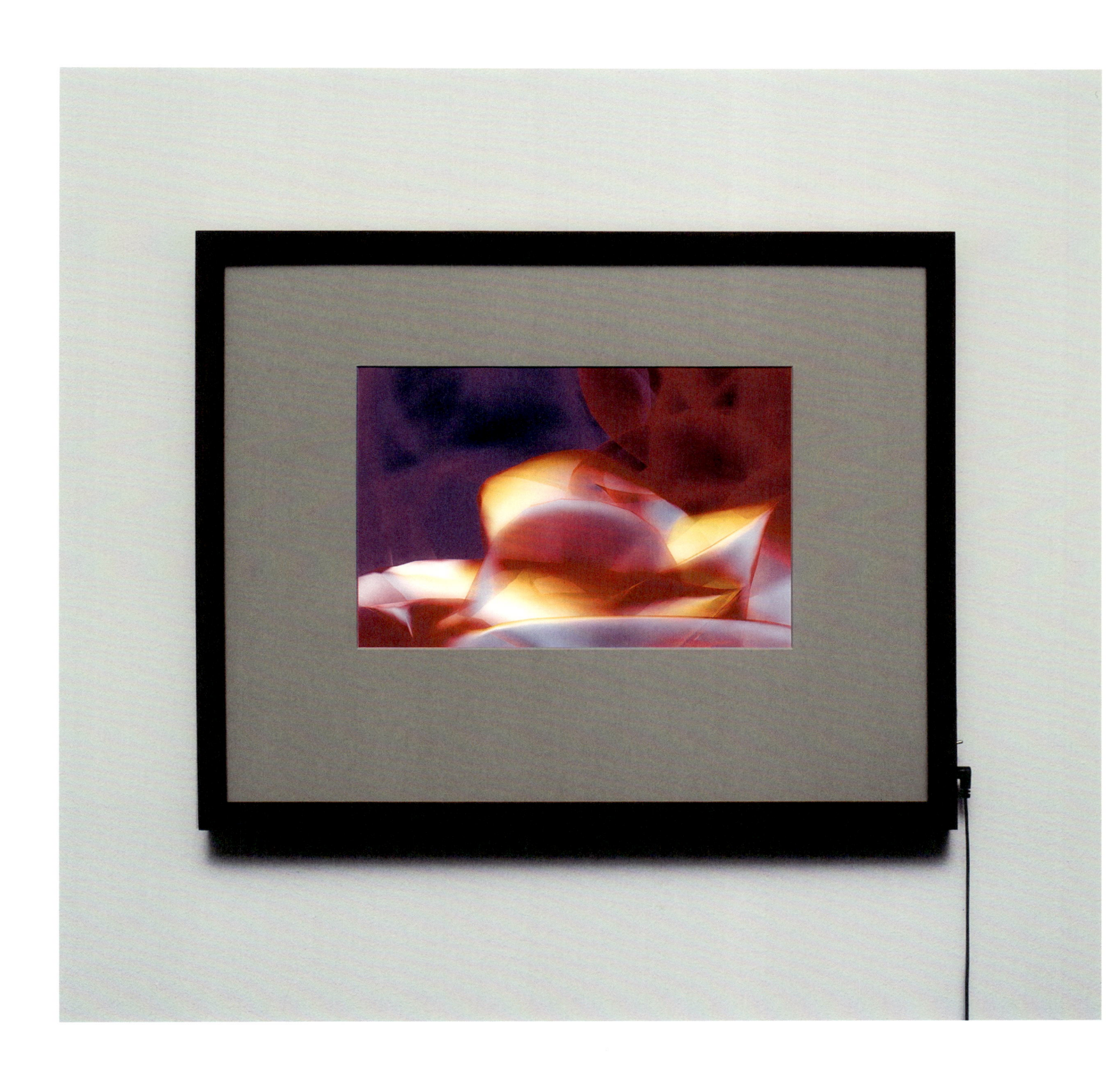

Rémy Markowitsch
Blumenstück
Metall, Kunststoff, Leuchtkasten
26,5 × 78 × 11 cm
2002

Sonja Feldmeier
Blind
Einwegkamera, belichteter Film
6,5 × 11,5 × 3,5 cm
2003

Shahram Entekhabi
walkout pm
Acrylfarbe auf Leinwand /
»Jugendbildwerfer« Pouva Magica (Bakelit)
60 × 80 × 3,5 cm / 24 × 16 × 28 cm
2006

Anatoly Shuravlev
Untitled
Acrylglas / C-Print
25 × 25 × 25 cm / Ø 1 cm
2010

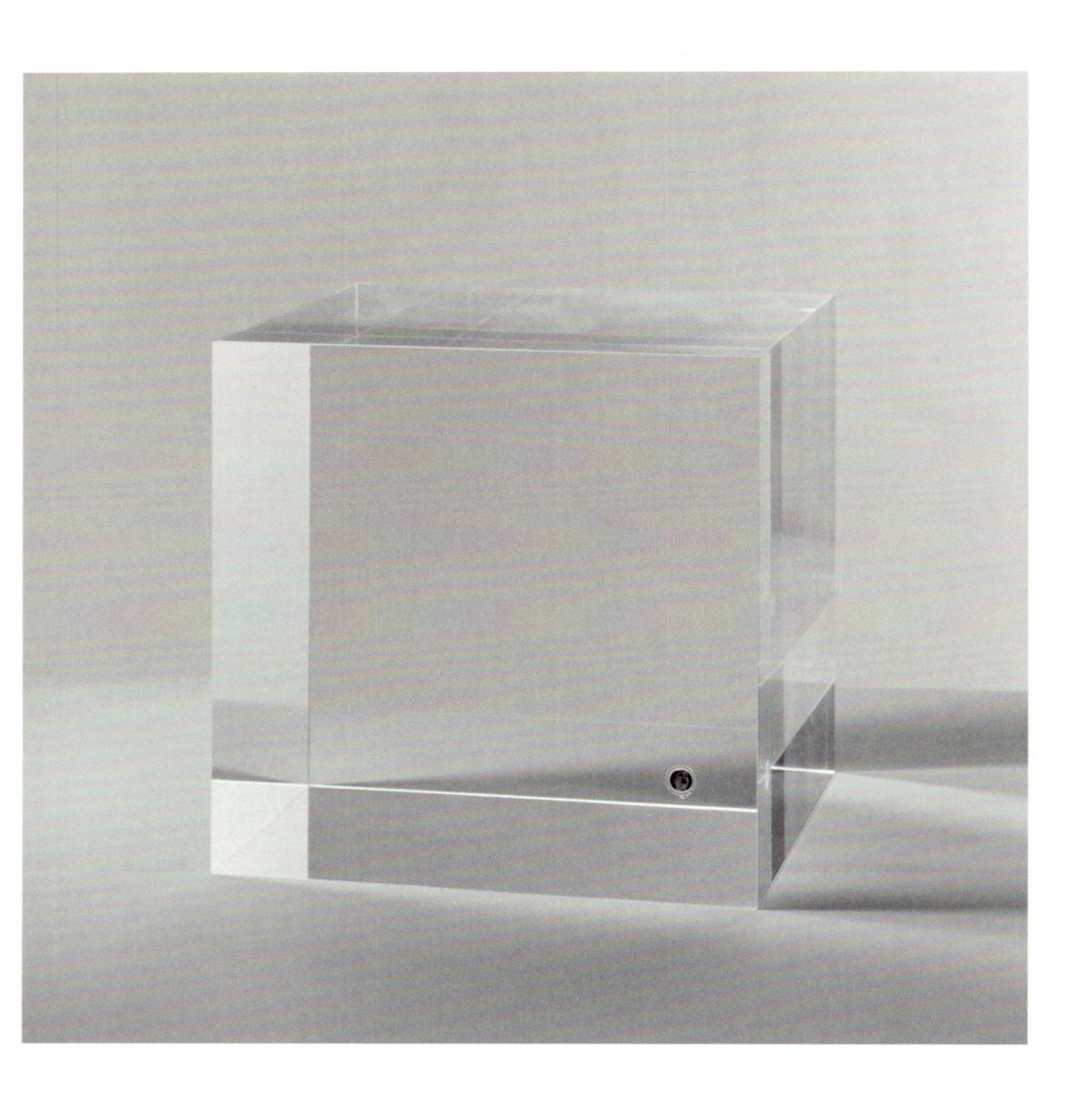

Emmanuelle Antille
Teenagers and Kingdoms. Boys near Highway
Fotocollage
70 × 100 cm
2005

Barbara Mühlefluh
save our souls
PVC, Acrylfarbe
37 × 100 × 2 cm
2000

Heinz Brand
Ohne Titel
Siebdruck auf Metall
36 × 24 cm
1997

Christoph Büchel
Edition
Messestand, Mobiliar,
diverse Editionen, Zertifikat
310 × 305 × 500 cm
2001

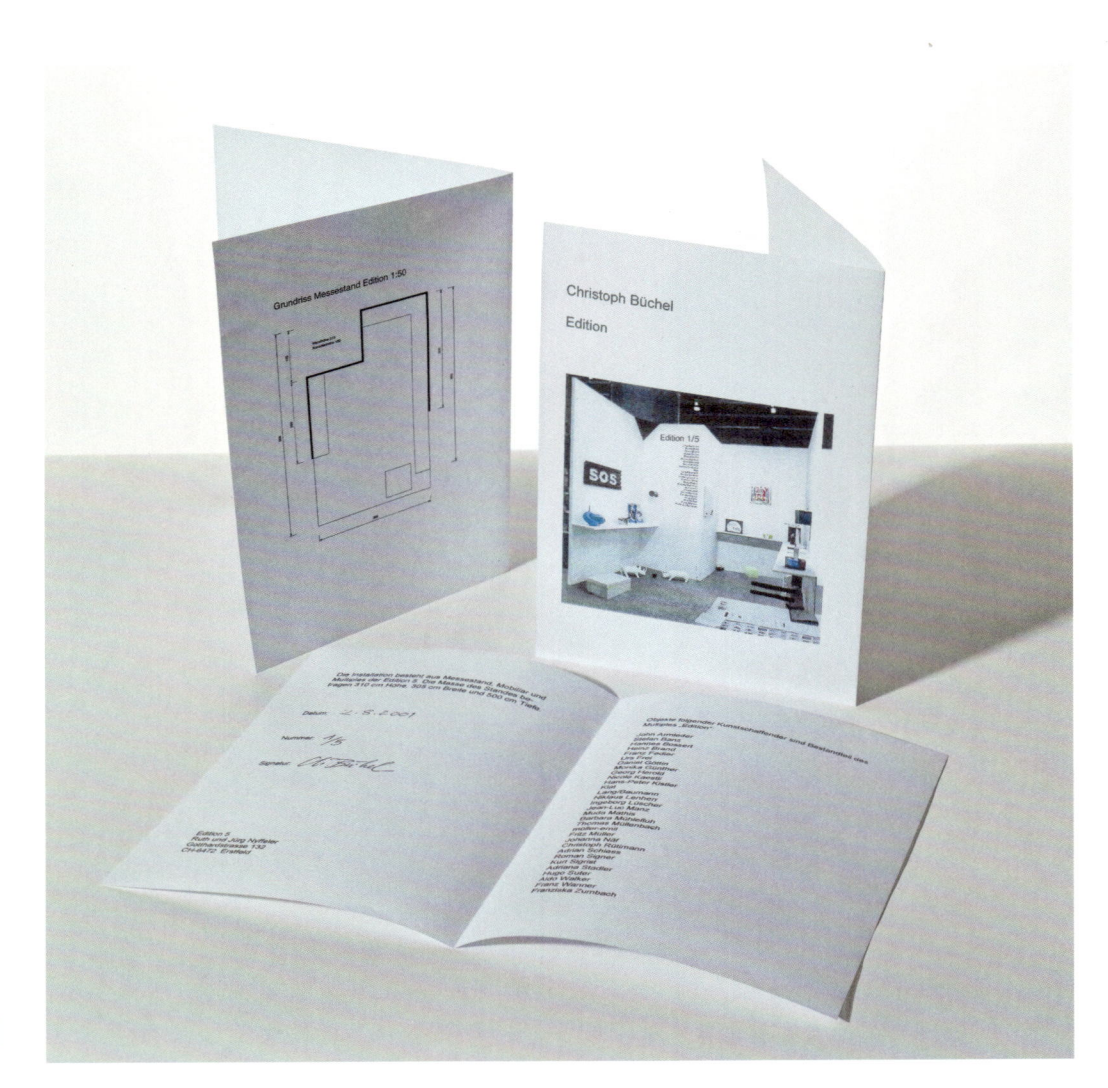

Valentin Carron
SPRAYONMUD
Plastik, Schmutz, Zertifikat
28 × 9 × 6 cm
2005

Roman Signer
Strasse
Sperrholz, Plastik-Spielzeugauto
20 × 61,5 × 15,6 cm
1998

Stefan Banz
Some Grass – Etwas Gras
Polyester / Terrakotta, Gras
Je 20 × 46 × 15 cm / 6 × 7 × 7 cm
2000

Roman Signer
Kleiner Helikopter
Acrylglas, Kunststoff
80 × Ø 8 cm
2008

Roman Signer
Signal
Siebdruck auf Aluminium
Seitenlänge 60 cm
2003

Anton Egloff
Ohne Titel
Emailtafel
68,5 × 48 × 2 cm
2001

76

RELAX (chiarenza & hauser & co)
Fünf Belege
MDF, Glas, Papier
31,5 × 23,5 × 7 cm
2005

RELAX (chiarenza & hauser & co)
I want
Sperrholz, Lackfarbe
Ø 40 × 3 cm
2010

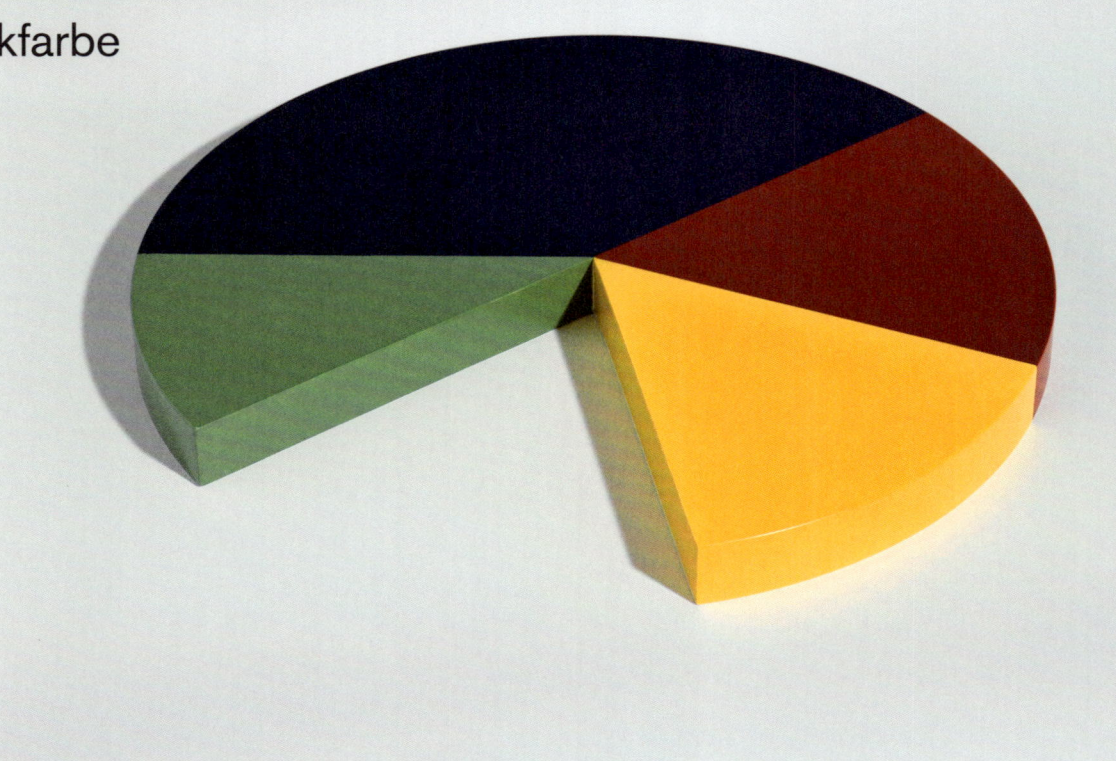

Thomas Müllenbach
Prototyp
Holz, PVC
24 × 52 × 44 cm
2003

Thomas Müllenbach
Rahmen
Klebeband
30 × 40 × 5 cm
2002

Thomas Müllenbach
Säule
Klebeband
74 × Ø 10 cm
2001

Mai-Thu Perret
Echo Canyon (Little Golden Rock)
Draht, Papiermaché, Acrylfarbe, Blattgold, Kartonbox mit Prägung
33 × 29 × 29 cm
2006

Franziska Zumbach
Schnurplastik
Hanfschnur,
Farbstift-Spitzabfälle
17 × Ø 12,5 cm
1999

Lang / Baumann
voll – echt – eng
Metall, Silikonkautschuk
5,5 × 49 × 15,5 cm
1995

Daniel Göttin
Ohne Titel
Beton, Pigment
15 × Ø 10 cm
1999

Georg Herold
beherrschen, gebrauchen, benutzen
Beton, Ei
8 × 17 × 14 cm
2000

Hannes Bossert
Ohne Titel
Terrakotta
26 × 18 × 18 cm
2000

Ingeborg Lüscher
Schwefelschale
Naturfaser, Kristallkleber, Schwefelblume
18,5 × ⌀ 42 cm
2009

Heiri Häfliger
In Rosas Nähe
Papiermaché, Polyester
34 × ⌀ 27 cm
2008

Franz Fedier
markierter Stein
Stein, Kunstharz
8 × 24 × 6 cm
2004

84

Franz Wanner
Amazone
Marmor / Frottage auf Papier
14 × 60,5 × 42,5 cm / 130 × 94 cm
2002

85

Henri Spaeti
ne tirez pas sur les abeilles
Acrylfarbe auf Sperrholz,
Blei, Kreide, Luftgewehrbolzen
30 × 40 × 6 cm
2010

Crotti / Manz
maison close
Nadelholz bemalt
16 × 12 × 8 cm
2003

Ian Anüll
Reden ist Silber, Schweigen ist Gold
Siebdruck auf MDF,
Oberseite blattvergoldet
25 × 25 × 7 cm
2004

Tadashi Kawamata
ED Table
Nadelholz, Metall
47 × 75 × 59 cm
2006

Tadashi Kawamata
ED Bench
Nadelholz
41 × 70 × 21 cm
2004

Johanna Näf
Kugelfragment
Kirschbaumholz
32 × 34 × 12,5 cm
1996

Kurt Sigrist
Raumkonstellation
Eisen
18 × 24,8 × 10 cm
1998

Max Bühlmann
Die Welt hat vier Wände
Metallstäbe, Kunststoff-Wäscheleine
56 × 31 × 25 cm
2005

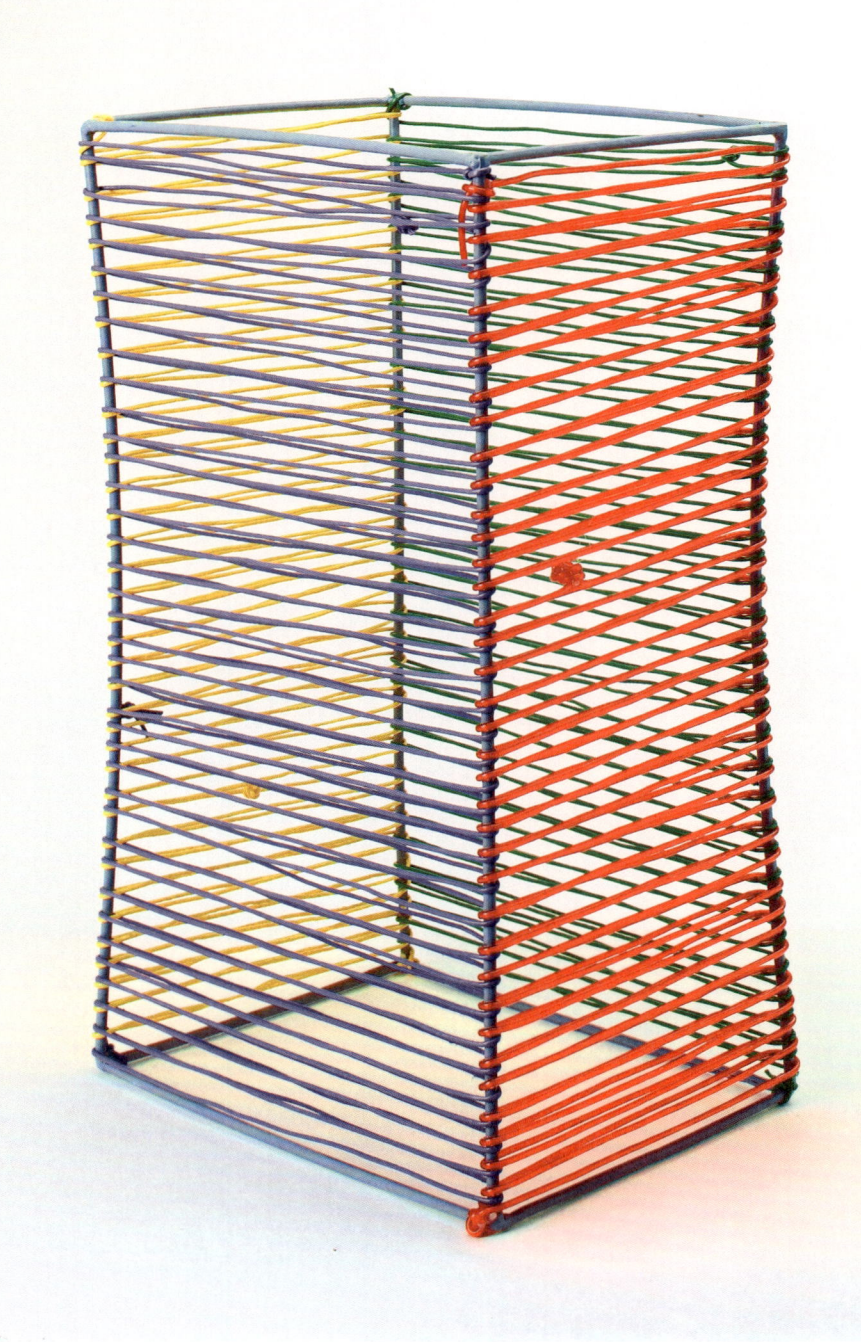

Max Bühlmann
Gurtnellen
Textilband auf Holzrahmen
44,5 × 34 × 4,5 cm
2004

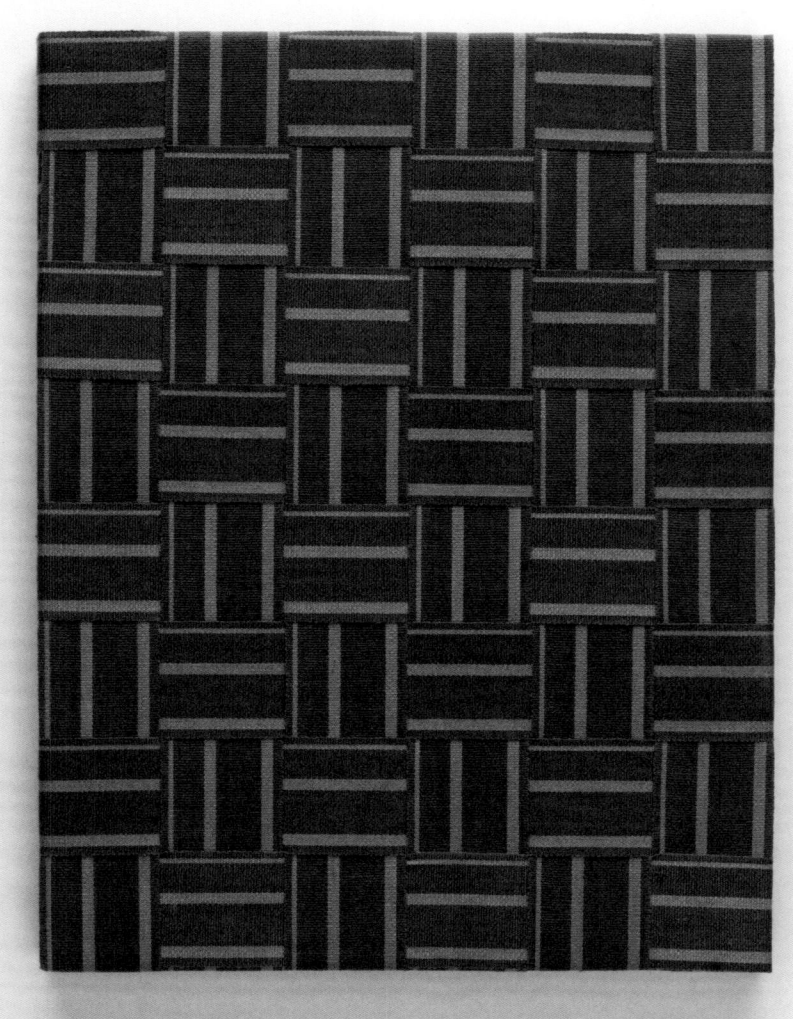

Markus Schwander
aus dem Skizzenbuch
Holz, Plexiglas, Kaugummi, Stoff, Metall
46 × 32,5 × 7 cm
2004

Maria Zgraggen
Mass-Stäbe
Kunststoff, Holz, Dekorkugeln
31 × 21,5 × 3 cm
2002

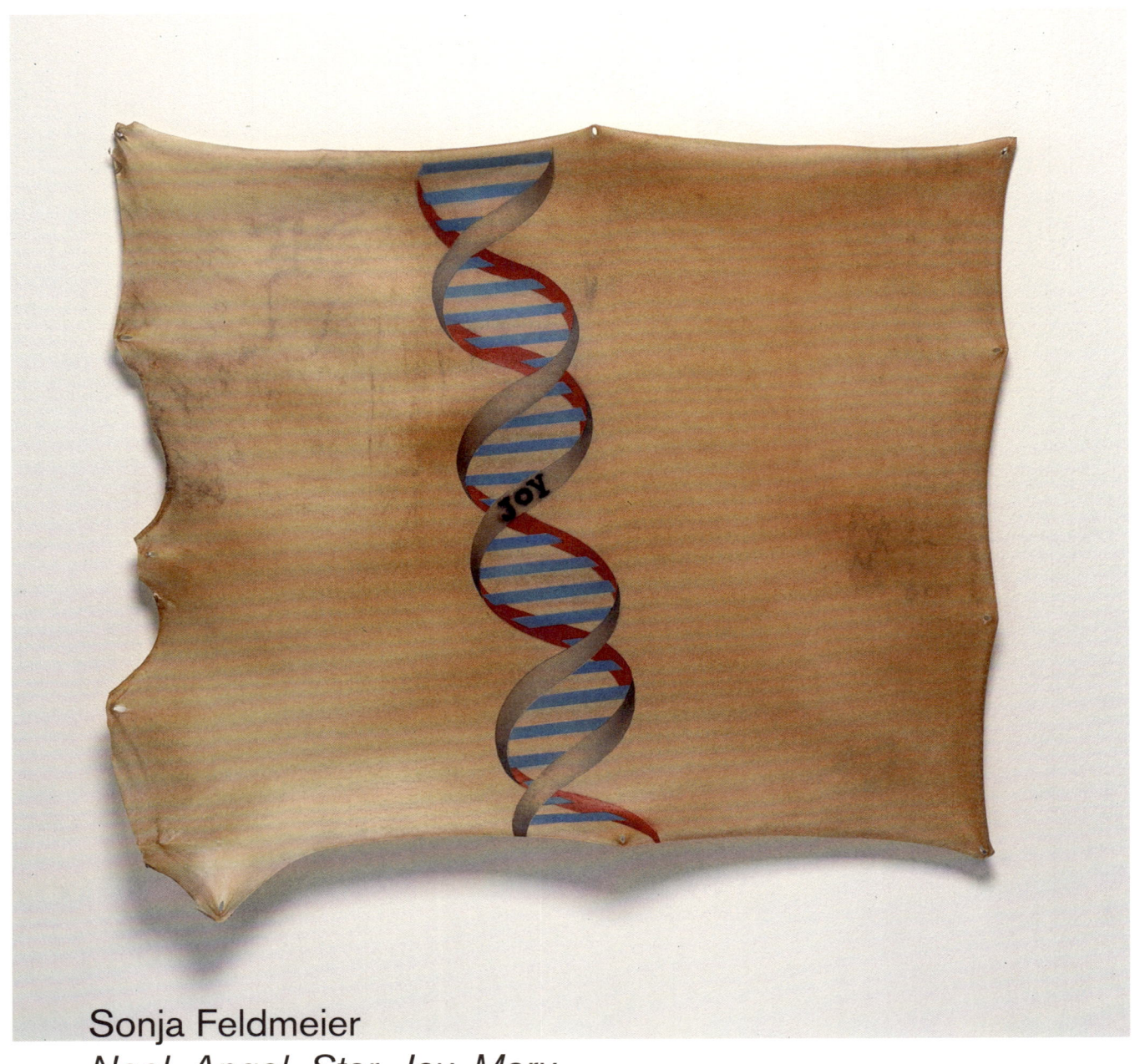

Sonja Feldmeier
Noel, Angel, Star, Joy, Mary
Schweinsleder, Airbrush
45 × 55 cm
2002

Maria Zgraggen
*1088 Budapest,
Szentkirály utca*
Kunststoff, Schmirgelpapier,
Holz
28 × 19 × 5 cm
2005

Hugo Markl
mural painting – floor painting (orgasm)
Siebdruck auf T-Shirt
56 × 77 cm
2008

Ulrike Nattermüller
Kikuniku
Kunststoffgarn
Gesamtlänge 110 cm
2003

Andrea Muheim
Kissen
Stoff, Garn, Spreu
18 × Ø 26 cm
2004

Claude Sandoz
pirates, mangos and dancing flowers
Leporello
Papier, Stoff, Stempeldrucke
29,7 × 21 × 2 cm bis 29,7 × 189,5 × 0,2 cm
2006

Ingeborg Strobl
Verpackung
Holz, Papier, Keramik, Karton
17 × 20 × 20 cm
2005

Monika Günther
Leise Reise
Getrocknete Fische, Garn,
Fotografie,
Polyesterharz, Metall
15 × 27 × 5 cm
1999

Fritz Müller
Kuh
Holz bemalt
19 × 28 × 6 cm
1999

Nicole Kaestli
Schnäppchen
Metall, Blei, Nylonfaden
Ø 25 cm, Höhe variabel
2000

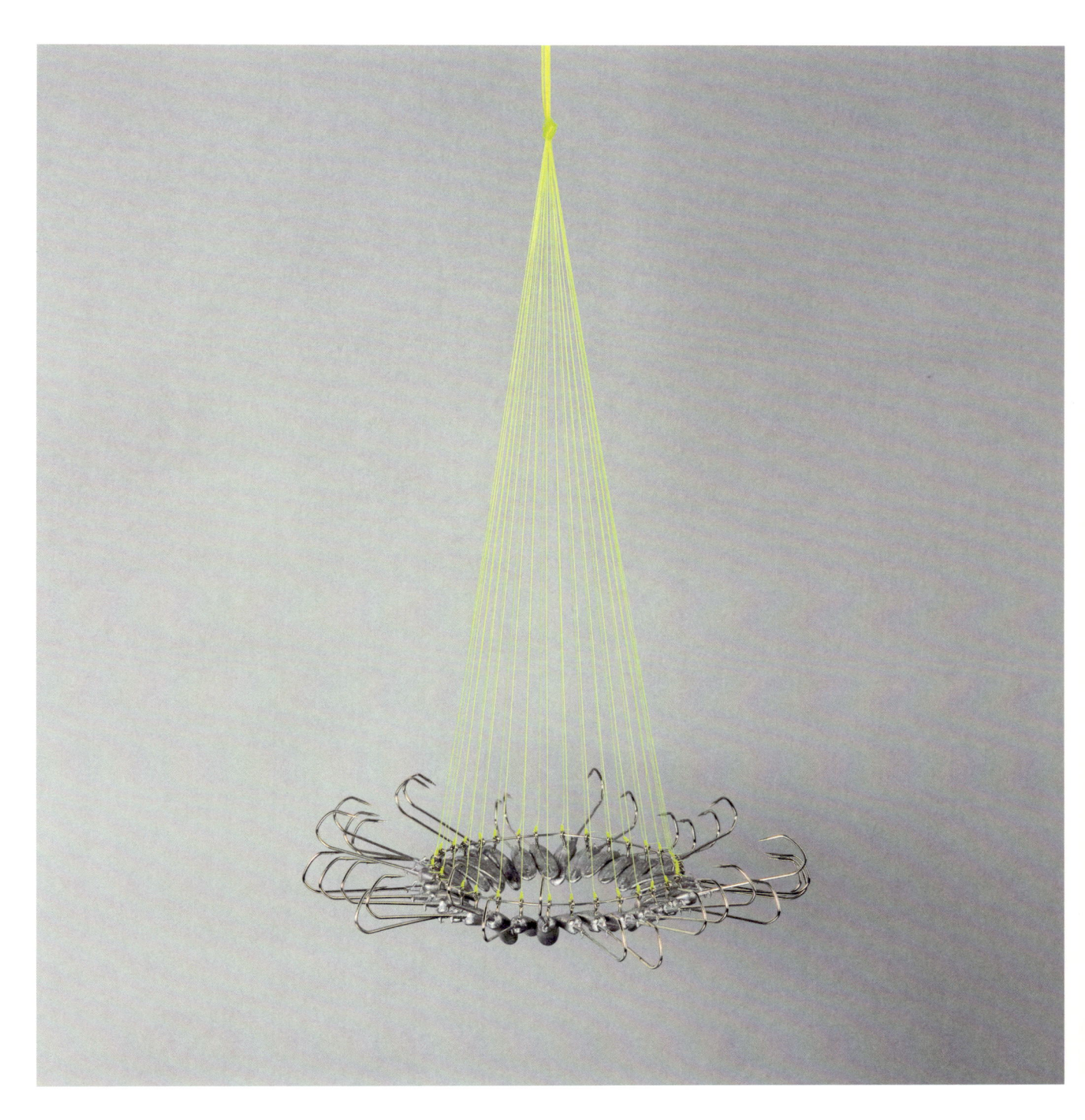

Maya Roos
trap
Chromstahl, Acrylfarbe
14 × 14 × 7 cm
2006

Peter Willen
Ohne Titel
MDF, Dispersion, Glas, Fundstück / Fotografie
10 × 10 × 6 cm / 18 × 28,5 cm
2004

Vera Marke
BOSS
Wolle, Karton bemalt mit »Stabilo Boss«-Marker
Je 23 × 31,5 × 2 cm
2007

Lang / Baumann
belt buckle
Leder, Kunststoff,
Digitalanzeige
5 × 14 × 1 cm und Ledergurt
2006

Lang / Baumann
Sport Deluxe
Trainerjacke, Stoff
3 verschiedene Grössen
2003

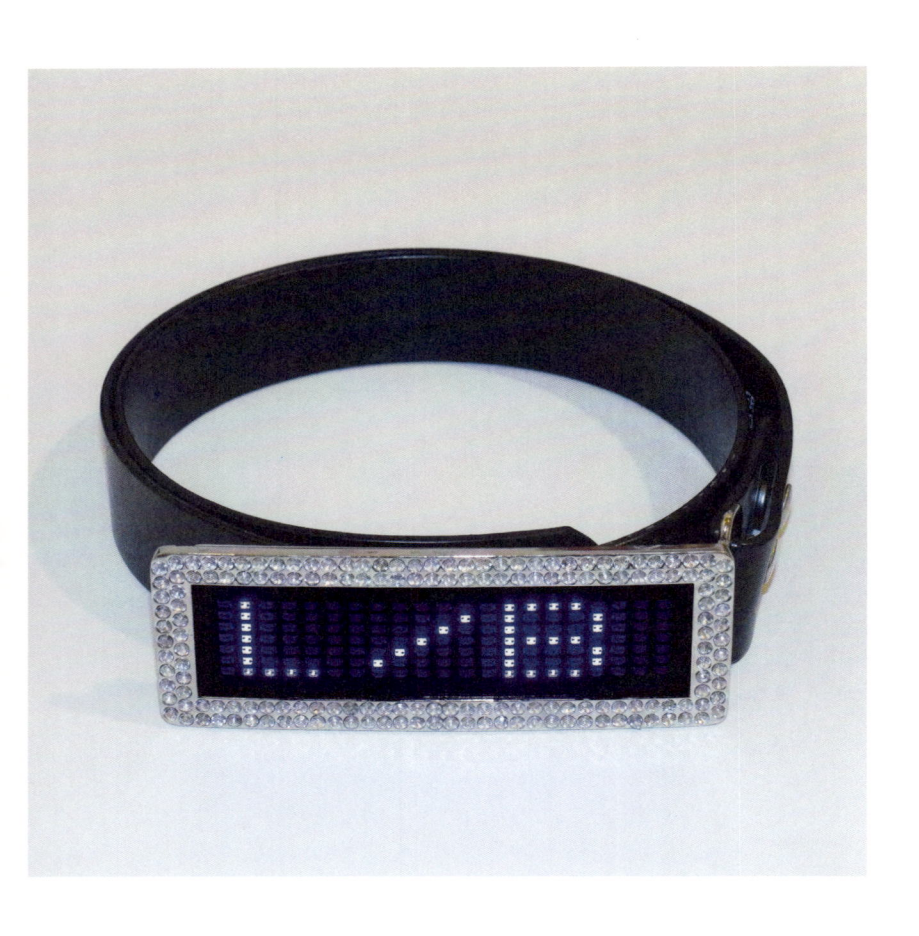

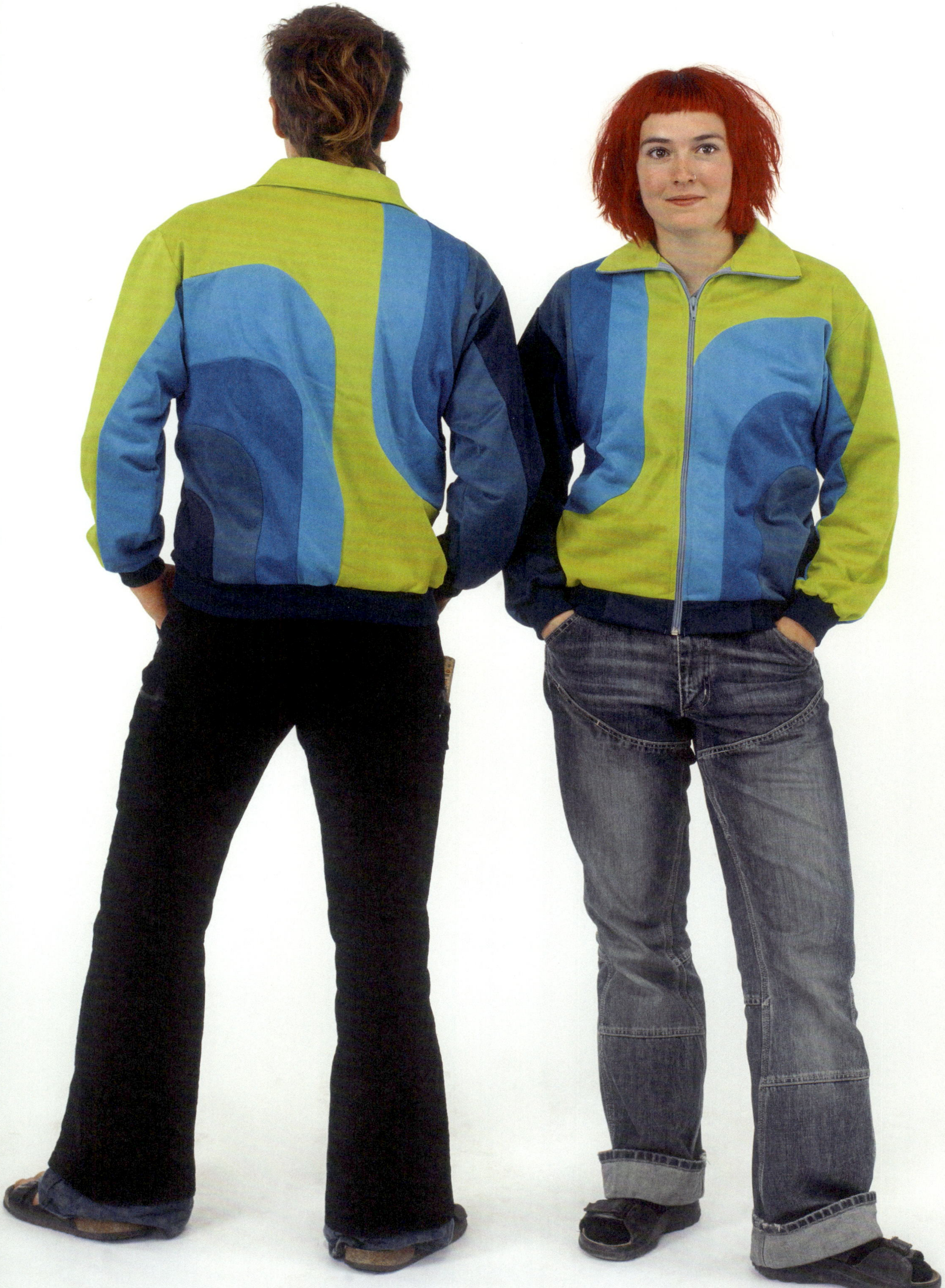

Niklaus Lenherr
ART STOP – ART GO
Warnwesten gelb und orange
Normgrösse
2004

KLAT
Shower Delight
Karton, Metall, Kunststoff, Lautsprecher
35 × 25 × 4,5 cm
1999

Niklaus Lenherr
SOFT-COLOR-PIECE 2000
Schaumstoff
25 × 20,5 × 11 cm
2000

Barbara Mühlefluh
QUICKBAG
Polyethylen, Papier
25 × 25 × 5 cm
2003

Niklaus Lenherr
Die Kunst-Blase platzt: JA / NEIN
Metallbox, Ballone,
Hanfschnur,
Nägel, Vinylklebefolie,
Montageanleitung
7 × Ø 17 cm
oder Installationsmasse
2008

Gert Rappenecker
holy shit
Aluminiumguss
12,5 × 32 × 9 cm
2002

Rudolf Blättler
Phallus
Bronze
21 × 21 × 19 cm
2007

Jean-Luc Manz
Ohne Titel
Plexiglas, Kunststoff
10 × 20 × 10 cm
1999

Vaclav Pozarek
französisch
Metall, Kunststoff, Karton
31 × 19 × 14 cm
2009

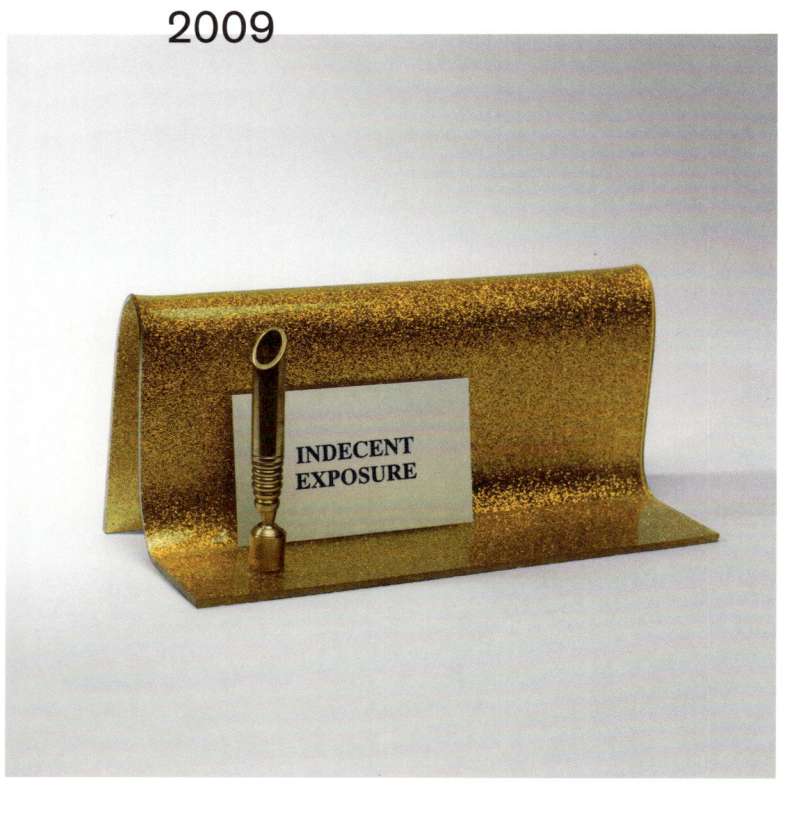

Vincent Kohler
Baguette
Glas
4 × 42 × 4 cm
2007

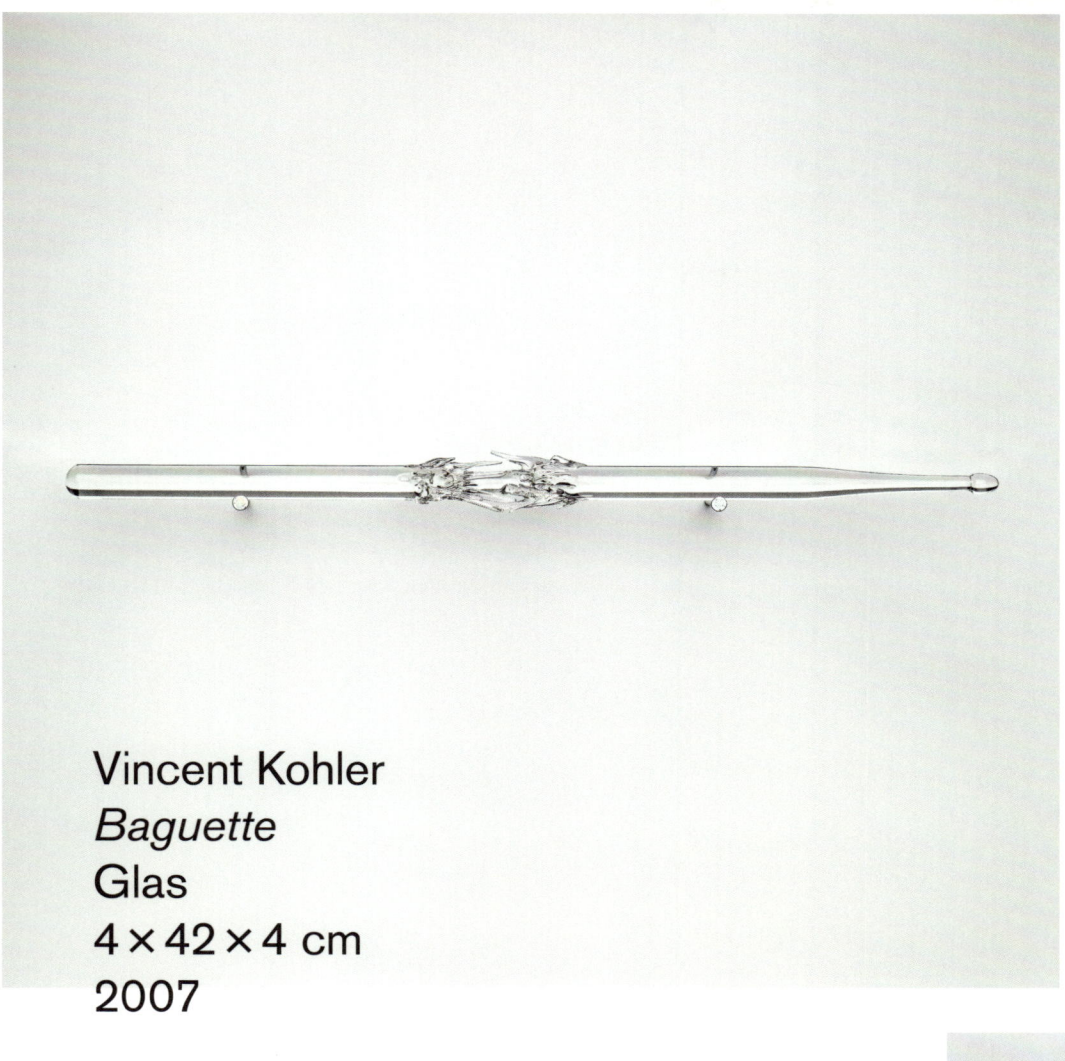

Barbara Mühlefluh
Cervela
Papiermaché blattvergoldet
10 × 12,5 × 7,5 cm
2009

Maya Bringolf
Should Eye
Porzellan, Glas mundgeblasen, Polyesterharz
21,5 × 15 × 12 cm
2009

Renée Levi
Ohne Titel
Spray auf
beschichtetem
Sperrholz
30 × 30 × 1,2 cm
2005

Anina Schenker
Hippocampus
Draht, Polyurethanschaum,
Baumwollgewebe, Gips,
Epoxydharz
26 × 33 × 28 cm
2010

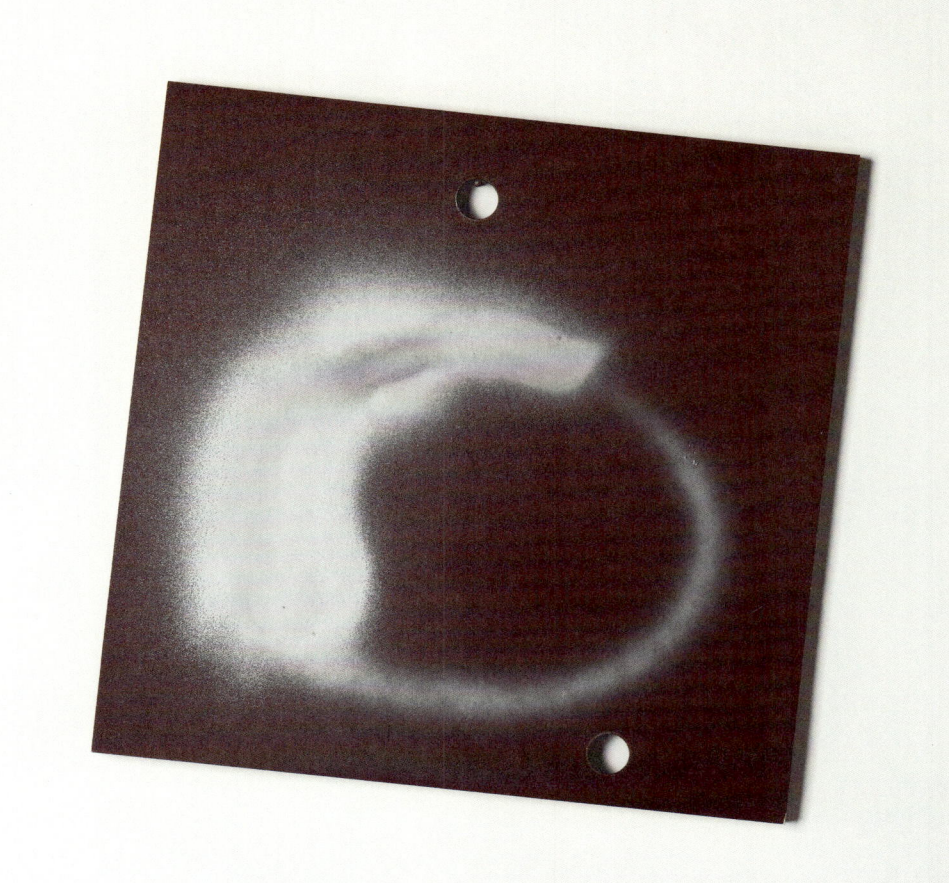

Stefan Banz
»*Zwei Laternen des Vordergrundes vom Schnellzug aus gesehen*«
Acrylfarbe auf Leinwand
16 × 25 × 2,5 cm
2004

Christoph Rütimann
Grün in Rot 1
Hinterglasmalerei auf Keilrahmen
40 × 30 × 2,5 cm
2009

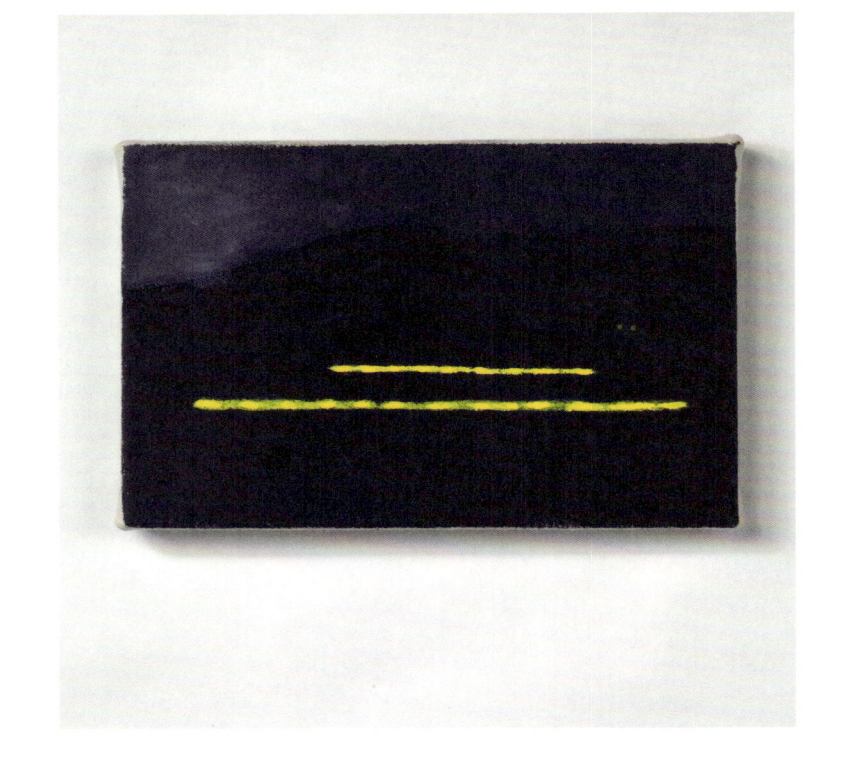

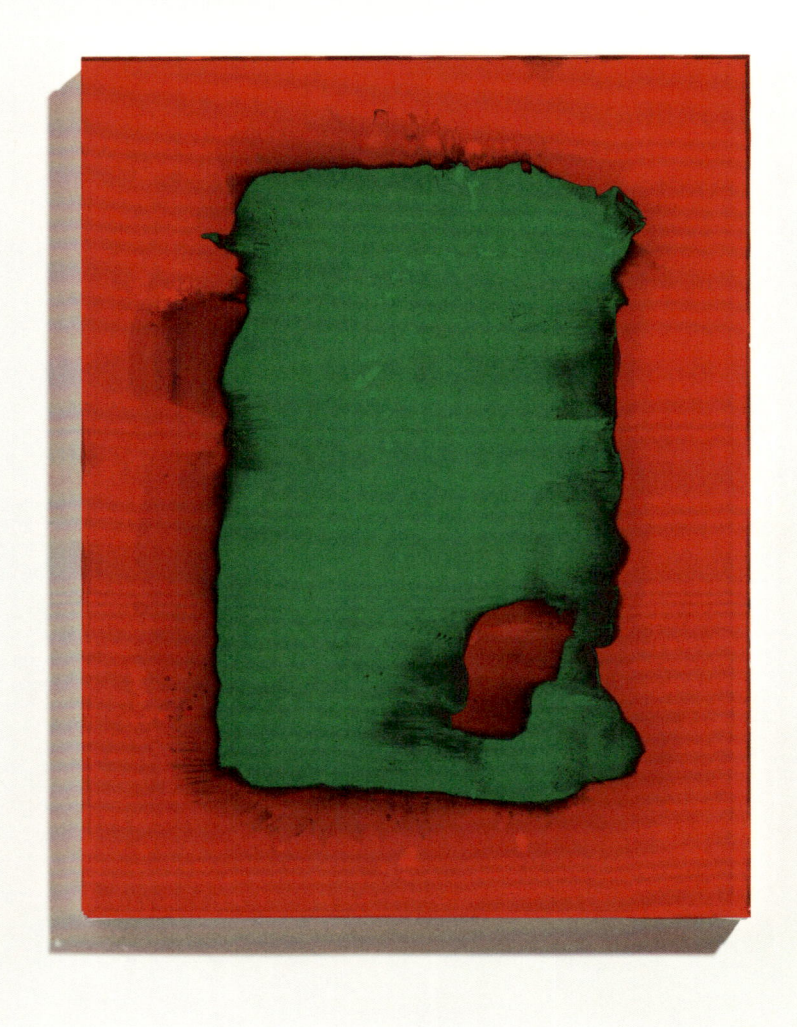

Hugo Suter
Tunnel
Holz, Glas
matt und verspiegelt
30,5 × 34,5 × 13,5 cm
1995

Rolf Winnewisser
Ein Würfelwurf
Sperrholz bemalt
40 × 25 × 25 cm
2006

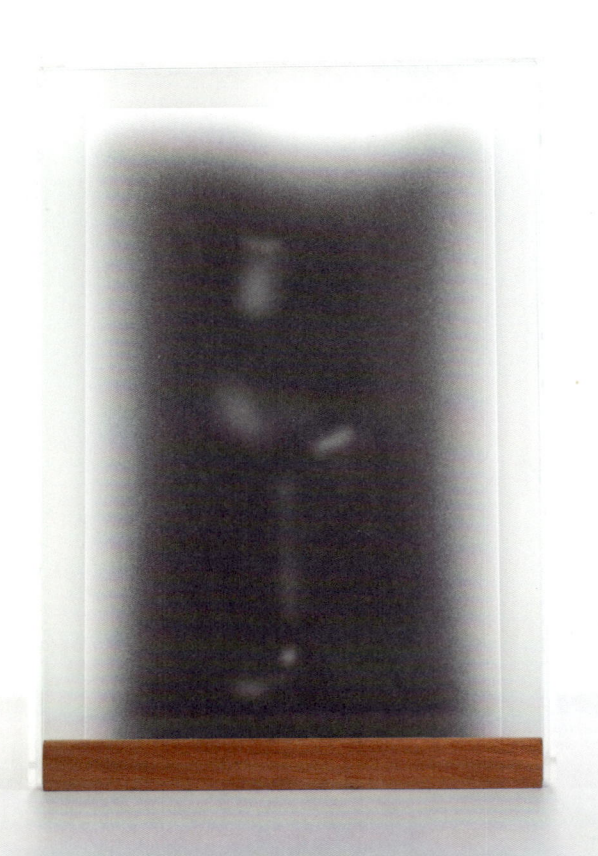

Hugo Suter
Malerei (Glas)
Acrylglas, Glas, Holz, Kunststoff
32,7 × 22,8 × 17,4 cm
2007

Hugo Suter
Dem Stifter des Brandes
Sperrholz
37 × 21 × 6 cm
1999

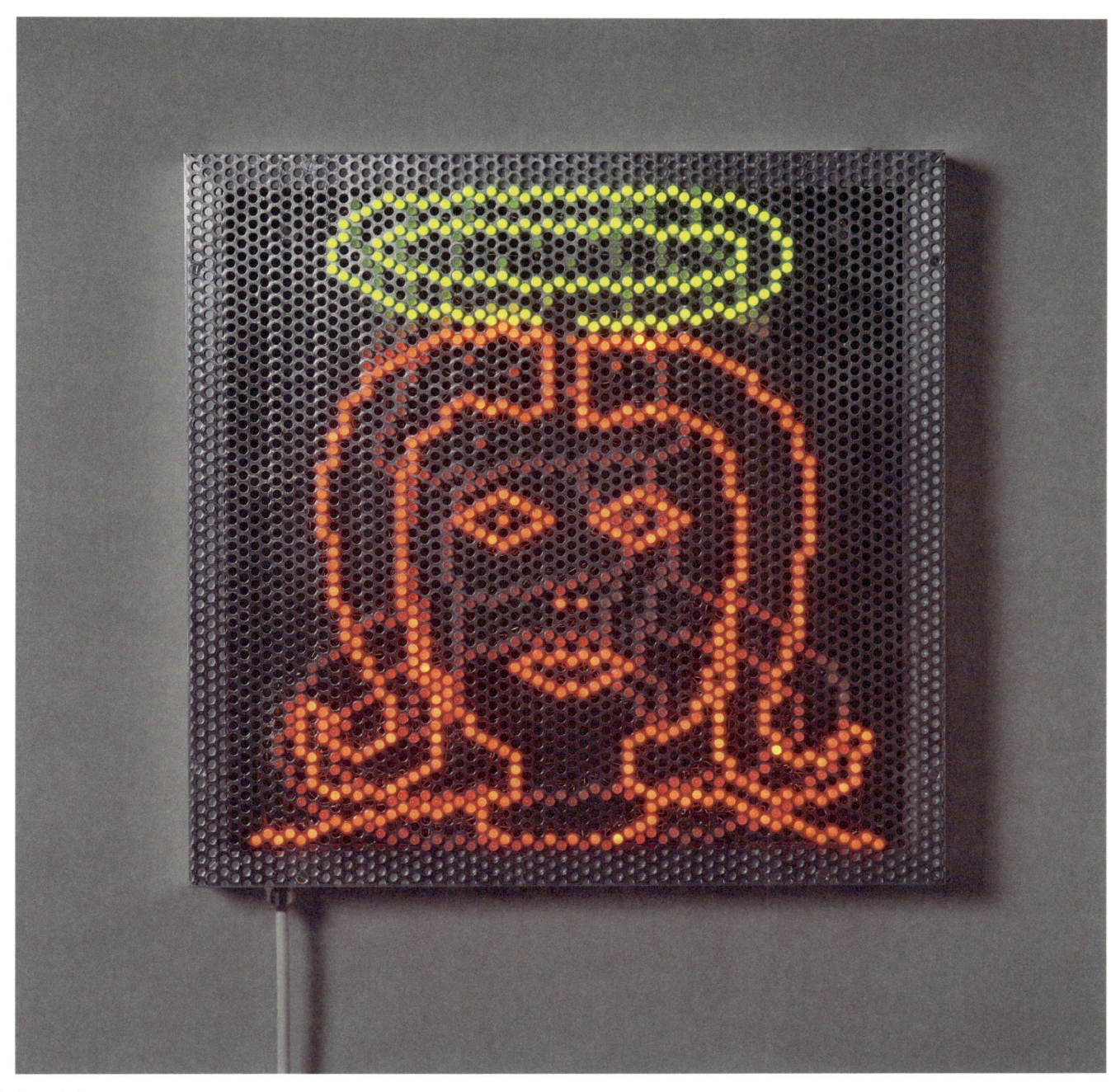

Muda Mathis
Maria Himmelfahrt
Lochblech, LED-Leuchten, Steuerung
40 × 40 × 5 cm
2000

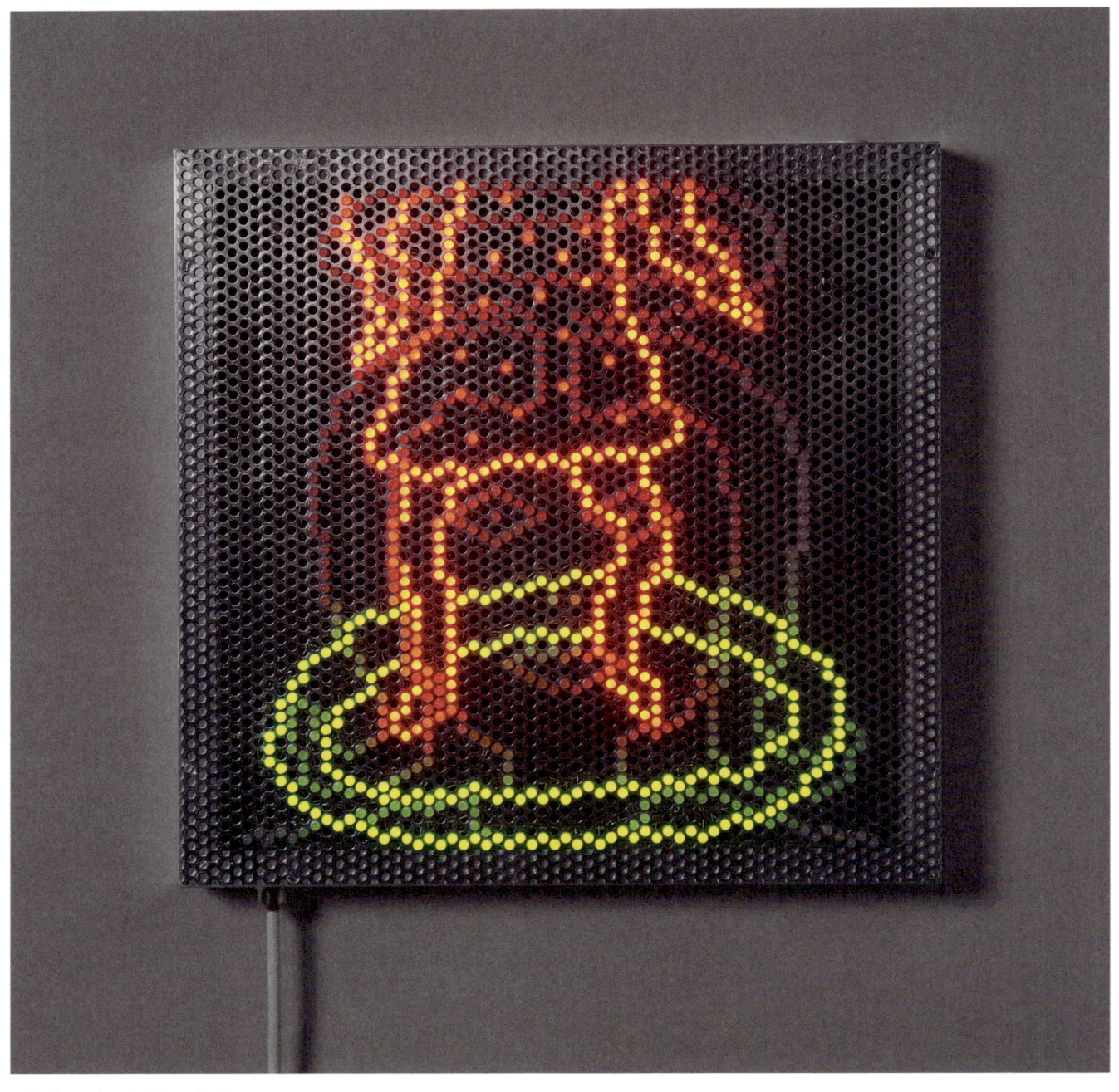

Muda Mathis
Maria Himmelfahrt
Lochblech, LED-Leuchten, Steuerung
40 × 40 × 5 cm
2000

San Keller
Gehen ist Gold
Gold
2 Teile à 4,8 × 1,8 cm /
8 Teile à 1,9 cm
2004

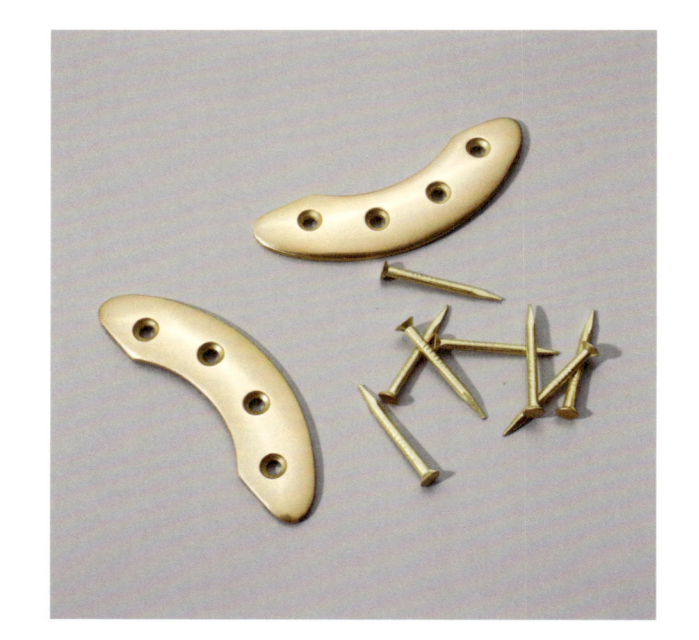

Roman Signer
Uhr
Metall
Ø 29,5 × 3 cm
2002

RELAX (chiarenza & hauser & co)
supplément
Aluminiumblech pulverbeschichtet
7 × 21 × 14,5 cm
2009

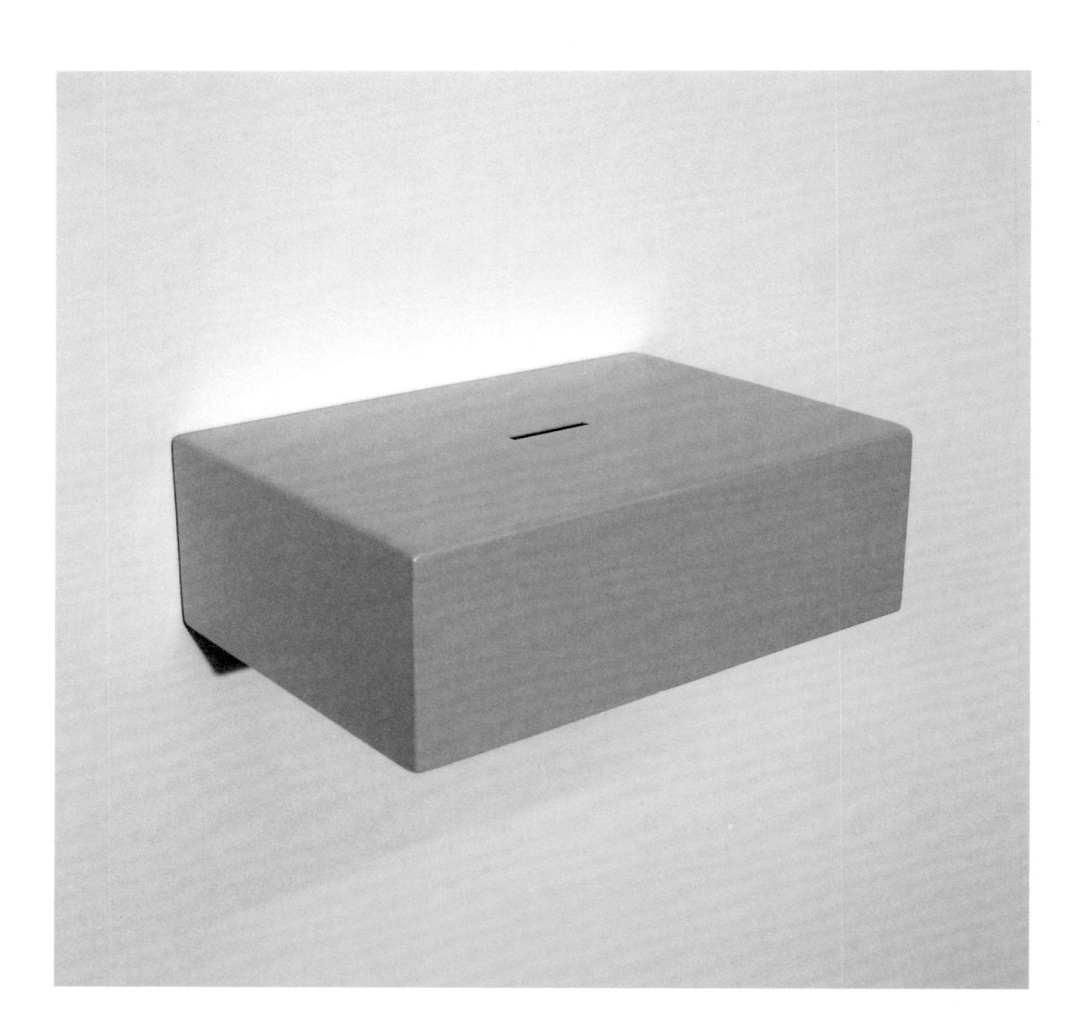

Künstler/innen

Emmanuelle Antille, 69
*1972, lebt und arbeitet in Lausanne
www.emmanuelleantille.com

Ian Anüll, 30, 59, 87
*1948, lebt und arbeitet in Zürich

Pierre Ardouvin, 55
*1955, lebt und arbeitet in Paris

John Armleder, 44, 45, 47
*1948, lebt und arbeitet in Genf

Caroline Bachmann, 62
*1963, lebt und arbeitet in Cully VD
www.bxb.ch

Stefan Banz, 73, 112
*1961, lebt und arbeitet in Cully VD
www.bxb.ch / www.banz.tv

Francis Baudevin, 53
*1964, lebt und arbeitet in Lausanne

Rudolf Blättler, 108
*1941, lebt und arbeitet in Luzern

André Bless, 36
*1950, lebt und arbeitet in Feuerthalen und Schaffhausen
www.likeyou.com/andrebless

Hannes Bossert, 82
*1938, lebt und arbeitet in Zürich

Heinz Brand, 71
*1944, lebt und arbeitet in Zollikofen und Bern

Maya Bringolf, 110
*1969, lebt und arbeitet in Basel und Zürich
www.likeyou.com/mayabringolf

Christoph Büchel, 71
*1966, lebt und arbeitet in Basel und Reykjavik

Max Bühlmann, 91, 92
*1956, lebt und arbeitet in Wien

Carola Bürgi, 64
*1967, lebt und arbeitet in Sursee, Lausanne und Genf
www.carolabuergi.ch

Valentin Carron, 72
*1977, lebt und arbeitet in Genf

Crotti/Manz, 87
Jean Crotti *1954,
Jean-Luc Manz *1952, leben und arbeiten in Lausanne

Claudia Di Gallo, 65
*1959, lebt und arbeitet in Zürich
www.digallo.net

Joseph Egan, 44, 48
*1952, lebt und arbeitet in Zürich und Ziegelbrücke

Anton Egloff, 39, 76
*1933, lebt und arbeitet in Luzern

Shahram Entekhabi, 27, 34, 67
*1963, lebt und arbeitet in Berlin
www.entekhabi.org

Ayşe Erkmen, 50
*1949, lebt und arbeitet in Berlin und Istanbul

Robert Estermann, 38
*1970, lebt und arbeitet in Zürich und Wettingen
www.estermann.com

Franz Fedier, 48, 84
1922–2005, lebte zuletzt in Bern

Sonja Feldmeier, 67, 94
*1965, lebt und arbeitet in Basel
www.sonjafeldmeier.com

Urs Frei, 29, 32, 33
*1958, lebt und arbeitet in Zürich

Franziska Furrer, 64
*1974, lebt und arbeitet in Altdorf UR
www.likeyou.com/franziskafurrer

Daniel Göttin, 82
*1959, lebt und arbeitet in Basel
www.danielgoettin.ch

Stefan Gritsch, 63
*1951, lebt und arbeitet in Lenzburg

Monika Günther, 98
*1944, lebt und arbeitet in Luzern und Essen

Fabrice Gygi, 56
*1965, lebt und arbeitet in Genf

Heiri Häfliger, 83
*1969, lebt und arbeitet in Wien
www.heirihaefliger.net

Georg Herold, 82
*1947, lebt und arbeitet in Köln

Leiko Ikemura, 60
*1951, lebt und arbeitet in Berlin und Köln

Nicole Kaestli, 99
*1965, lebt und arbeitet in Zürich

Tadashi Kawamata, 88, 89
*1953, lebt und arbeitet in Paris
www.tk-onthetable.com

San Keller, 116
*1971, lebt und arbeitet in Zürich
www.museumsankeller.ch

Hans-Peter Kistler, 61
*1956, lebt und arbeitet in Beinwil am See AG

KLAT, 105
Andréa Lapzeson *1976,
Jérôme Massard *1976,
Emmanuel Piguet *1975,
Florian Saini *1976,
Konstantin Sgouridis *1975,
leben und arbeiten in Genf
www.klat.ch

Vincent Kohler, 109
*1977, lebt und arbeitet in Lausanne
www.vincentkohler.ch

Lang/Baumann, 81, 102, 103
Sabina Lang *1972,
Daniel Baumann *1967,
leben und arbeiten in Burgdorf
www.langbaumann.com

Niklaus Lenherr, 104, 105, 106
*1957, lebt und arbeitet in Luzern
www.niklaus-lenherr.ch

Renée Levi, 111
*1960, lebt und arbeitet in Basel
www.reneelevi.ch/

Ingeborg Lüscher, 63, 83
*1936, lebt und arbeitet in Tegna und Maggia TI

Jean-Luc Manz, 108
*1952, lebt und arbeitet in Lausanne

Vera Marke, 101
*1972, lebt und arbeitet in Herisau

Hugo Markl, 95
*1964, lebt und arbeitet in New York

Rémy Markowitsch, 66
*1957, lebt und arbeitet in Berlin
www.markowitsch.org

Markowitsch/von Matt, 26
Rémy Markowitsch *1957,
Philipp von Matt *1968,
leben und arbeiten in Berlin

Muda Mathis, 115, 116
*1959, lebt und arbeitet in Basel
www.mathiszwick.ch

Matthew McCaslin, 33
*1957, lebt und arbeitet in New York

Miquel Mont, 53
*1963, lebt und arbeitet in Paris

Olivier Mosset, 40, 42
*1944, lebt und arbeitet in Tucson, Arizona

Andrea Muheim, 96
*1968, lebt und arbeitet in Zürich
www.andrea-muheim.ch

Barbara Mühlefluh, 35, 59, 70, 106, 109
*1962, lebt und arbeitet in Neuheim ZG und Luzern

Thomas Müllenbach, 78, 79
*1949, lebt und arbeitet in Zürich
www.likeyou.com/thomasmuellenbach

müller-emil, 46
*1934, lebt und arbeitet in Zürich und Coglio TI

Fritz Müller, 98
1934–2001, lebte zuletzt in Zürich

Johanna Näf, 90
*1944, lebt und arbeitet in Luzern und Baar ZG
www.johannanaef.ch

Ulrike Nattermüller, *96*
*1955, lebt und arbeitet in Köln
www.bondehorsboro.de

Edit Oderbolz, *31*
*1966, lebt und arbeitet in Basel
www.editoderbolz.ch

Mai-Thu Perret, *80*
*1976, lebt und arbeitet in Genf

Vaclav Pozarek, *108*
*1940, lebt und arbeitet in Bern

Gert Rappenecker, *107*
*1955, lebt und arbeitet in Zürich
www.rappenecker.net

RELAX (chiarenza & hauser & co), *77, 118*
Marie-Antoinette Chiarenza *1957,
Daniel Hauser *1959,
leben und arbeiten in Zürich
www.relax-studios.ch

Chantal Romani, *24*
*1971, lebt und arbeitet in Zürich
www.chroma7.ch

Ugo Rondinone, *28, 30*
*1964, lebt und arbeitet in New York

Maya Roos, *100*
*1946, lebt und arbeitet in Berlin

Anila Rubiku, *54*
*1970, lebt und arbeitet in Mailand

Christoph Rütimann, *56, 57, 58, 112*
*1955, lebt und arbeitet in Müllheim TG

Karin Sander, *49, 51, 52*
*1957, lebt und arbeitet in Berlin
www.karinsander.de

Claude Sandoz, *97*
*1946, lebt und arbeitet in Luzern

Anina Schenker, *111*
*1971, lebt und arbeitet in Zürich
www.aninaschenker.com

Katja Schenker, *43*
*1968, lebt und arbeitet in Zürich
www.likeyou.com/katjaschenker

Adrian Schiess, *36, 41*
*1959, lebt und arbeitet in Mouans-Sartoux F

Markus Schwander, *93*
*1960, lebt und arbeitet in Basel
www.markusschwander.com

Anatoly Shuravlev, *68*
*1963, lebt und arbeitet in Berlin und Moskau

Roman Signer, *22, 23, 26, 33, 72, 74, 75, 117*
*1938, lebt und arbeitet in St. Gallen
www.romansigner.ch

Kurt Sigrist, *90*
*1943, lebt und arbeitet in Sarnen

Henri Spaeti, *86*
*1952, lebt und arbeitet in Luzern
www.tuttiart.ch/kuenstler/henri-spaeti

Adriana Stadler, *59*
*1957, lebt und arbeitet in Bern
www.adrianastadler.ch

Ingeborg Strobl, *98*
*1949, lebt und arbeitet in Wien

Hugo Suter, *113, 114*
*1943, lebt und arbeitet in Birrwil AG

Morgane Tschiember, *37, 41*
*1976, lebt und arbeitet in Paris
www.morganetschiember.com

Thomas Virnich, *60*
*1957, lebt und arbeitet in Mönchengladbach D

Philipp von Matt, *63*
*1968, lebt und arbeitet in Berlin
www.phvm.com

Aldo Walker, *31, 55*
1938–2000, lebte zuletzt in Luzern

Franz Wanner, *7, 85*
*1956, lebt und arbeitet in Walenstadtberg SG

Peter Willen, *100*
*1941, lebt und arbeitet in Interlaken und Thun

Rolf Winnewisser, *113*
*1949, lebt und arbeitet in Ennetbaden AG

René Zäch, *21, 24, 25*
*1946, lebt und arbeitet in Biel

Maria Zgraggen, *93, 94*
*1957, lebt und arbeitet in Bürglen UR
www.mariazgraggen.ch

Franziska Zumbach, *81*
*1959, lebt und arbeitet in Beinwil am See AG

Autor/innen

Michael Donhauser, Schriftsteller
*1956, lebt und arbeitet in Maienfeld und Wien

Stephan Kunz, Kurator am Aargauer Kunsthaus Aarau
*1962, lebt in Wettingen

Klaus Merz, Schriftsteller
*1945, lebt und arbeitet in Unterkulm

Irene Müller, freie Kuratorin, Autorin und Herausgeberin von Publikationen zu zeitgenössischer Kunst
*1969, lebt und arbeitet in Zürich

Fotograf/innen

Stefano Schröter, Luzern
David Aebi, Burgdorf
Foto Aschwanden, Altdorf
F. X. Brun, Altdorf und Zürich
Vanessa Billeter, Zürich
Michael Bodenmann, St. Gallen
Dona De Carli, Locarno
Michael Fontana, Basel
Rolf Geyer, Kaiserstuhl
Christoph Hirtler, Altdorf
Stefan Rohner, St. Gallen
Markus Schelbert, Erstfeld
Lukas Scherrer, Berikon
Franca Stadler, Altdorf
Nic Tenwiggenhorn,
VG Bildkunst Bonn

Impressum

Diese Publikation erscheint anlässlich der Ausstellung *Edition 5 Erstfeld*, Haus für Kunst Uri, Altdorf, 12. Juni – 22. August 2010.

Ausstellung
Kuratorin Barbara Zürcher, Direktorin Haus für Kunst Uri
Assistenz Angela Nyffeler
Sekretariat Beatrice Maritz
Kunstvermittlung Lotti Etter
Technik Burkhart & Pfaffen
Aufbau Heidi Melzl

Publikation
Herausgeber Ruth und Jürg Nyffeler, Barbara Zürcher
Gestaltung Emanuel Tschumi
Texte Michael Donhauser, Klaus Merz, Irene Müller, Stephan Kunz, Barbara Zürcher
Lektorat Andreas Grosz
Litho Specter Services, Zürich
Druck Karl Grammlich GmbH, Pliezhausen
Verlag edition pudelundpinscher, Erstfeld
ISBN 978-3-9523273-8-8
© 2010 Herausgeber, Künstler, Fotografen, Autoren und Haus für Kunst Uri, Altdorf

Dank

Unser Dank richtet sich an alle Künstlerinnen und Künstler, die unser Vorhaben ermöglicht haben. Wir danken auch allen Fotografinnen und Fotografen, Verfasserinnen und Verfassern von Texten sowie den zahlreichen guten Geistern, die uns mit Rat und Tat immer wieder beistehen. Stets haben unsere Töchter Andrea und Angela – auch in stürmischen Zeiten – unsere Idee mitgetragen.
Ruth und Jürg Nyffeler

Die Herausgeber danken allen an der Ausstellung beteiligten Künstlerinnen und Künstlern für die ausgezeichnete Zusammenarbeit. Ein besonderer Dank gilt allen Leihgebern und Sammlern – sowie den Geldgebern:
Haus für Kunst Uri
Dätwyler Stiftung

KANTON URI

Für nähere Informationen zu den einzelnen Werken siehe
www.edition5.org